ほったらかしで
年間2000万円
入ってくる

超

高配当株
投資入門

「自分年金」を増やす最強の5ステップ

かんち 著

ダイヤモンド社

# かんちの **ゆうゆう高配当株**ライフ

## 資産の内訳と生活費

### 証券口座

運用資産（現物株）：**8**億円超

年1回、証券口座から引き出した生活費と優待株ですべての生活費をまかなう

### 運用実績

年間値上がり益：**1**億円（2023年年初比）

配当収益：**2000**万円（2023年実績）

### 保有株の内訳

主力株（投資額 **500**万円以上）：**20**銘柄

準主力株（投資額 **150**万～ **500**万円）：**108**銘柄

優待株：約 **500**銘柄

生活費の多くを株主優待でまかなえるので、なかなか現金を使い切れないことが悩みのタネ……

### 生活費 など

【生活費】年 **1500**万円

【公的年金】年 **100**万円（65歳からは180万円）

【株主優待】食品、食事券、金券など

## 平日のルーティン

| | |
|---|---|
| 7時30分 | **起床**（朝食・新聞・テレビ） |
| 8時30分 | **前日の適時開示情報・板をチェック** |
| 9〜10時 | **保有株の株価チェック** |
| 10時 | **スポーツジムへ**<br>（準備運動→テニス→筋トレ→プール→<br>サウナ→シャワー→マッサージ→帰宅） |
| 14時 | **昼食**（その後、相場チェック） |
| 15時 | **適時開示情報をチェック** |
| 16〜18時 | **自由時間**（ブログを書く、Netflixで映画鑑賞など） |
| 18時 | **夕食** |
| 18〜23時 | **自由時間**（ブログを書く、Netflixで映画鑑賞など） |
| 23時 | **就寝** |

## 休日の過ごし方

おもに**趣味**の時間
（釣り・ドライブ・ツーリング）
家族で**外食・買い物**も

投資家のイベントや集まりには、あまり行かなくなった……

## はじめのごあいさつ

　はじめまして、「かんち」と申します。元消防士（公務員）の個人投資家です。

　私は消防士時代に株式投資を始めて、49歳で早期退職。それから専業投資家に転身し、62歳となったいまでは、**資産8億円、保有株から得られる配当金は年2000万円を超えています。**

　公務員は、給料こそ安定していますが、けっして高給ではありません。私は公務員時代からずっと三重県の地方都市に住んでいますから、大都市に住んでいる人たちからすれば、給与水準は低い部類だったと思います。

　しかし、少ない給料でも、コツコツとお金を投資に回してきて、現在の資産を築きました。

　2024年から新しいNISA（少額投資非課税制度）が始まったことで、これまで株に興味のなかった多くの人が、ようやく重い腰を上げて株式投資をするようにもなりました。

　そんな投資初心者の人たちにとっても、私の**「高配当株投資」**は、シンプルでわかりやすく、とても実践しやすいと思います。

　また、自分が働かなくても得られる不労所得の**「配当金」**とともに、割引券や優待券、お米や地方の特産品までプレゼントしてもらえる**「株主優待」**もありますから、投資に理解のない家族がいたとしても、みんなで楽しみながら実践できるでしょう。

## かんち流 株式投資4つの特徴

　私の投資手法には、4つの特徴があります。

　1つ目は、**高配当株中心のポートフォリオ（資産構成）であること。**
あとで詳しく説明しますが、資産構成の割合は、「高配当株5：優待株
3：成長株2」（金額ベース）です。

　業績が急成長して株価が大きく値上がりすることを目指す「成長（グ
ロース）株」（ミドルリスク・ハイリターン）より、コツコツと株価が
伸びそうな銘柄を買う「バリュー（割安）株」（ローリスク・ミドルリ
ターン）へおもに投資するので、投資リスクは格段に抑えられます。

　2つ目は、**買う銘柄について、明確な判断基準があること。**

　投資を始めたはいいものの、「いったいどの株を買えばいいのかわか
らない」という人が、正直なところ多いのではないでしょうか。

　XやYahoo!ファイナンス掲示板、投資系のYouTubeチャンネル、それ
にマネー誌やテレビの経済番組でも、いろんな個人投資家や経済アナ
リストが、いろんなことを書いたり話したりしていて、迷ってしまい
ますよね。

　いろんな人がいろんな見方をしているだけに、結局のところ、何を
買えばいいのか判断できないことも多いはず。そんななか、私の手法
であれば、ほぼ機械的に比較的優良な銘柄を選択することができます。

　3つ目は、**基本的には一度買ったら、ほったらかしのパターンが多
いこと。**

　私は、株は頻繁に売買するものではなく貯めるもの、つまり貯金な

らぬ **「貯株」** を主眼に置いています。株は基本的に買い増し続けるものと考え、ほとんど売らないのです。

　投資をするうえでは、株を買うときよりも"売るタイミング"のほうが難しかったりするものです。基本的に売るタイミングを考えなくていい私の手法は、その点、非常にラクなのです。


　そして4つ目は、**投資に使う時間はそう多くないこと。**私は49歳で消防士を早期退職してから専業投資家となりましたが、相場が開いている時間帯（平日午前9時〜15時）のほとんどは、日々スポーツジムで汗を流すことが多いです。

　ですから、たとえ本業が忙しい会社員や公務員、家事や子育てに忙しい主婦（主夫）でも、十分に実践可能です。

### 高配当株投資で"自分年金"をつくりましょう

　唐突ですが、私は **「お金はけっこう万能」** だとよく感じます。

　こう言うと"金持ちのイヤミ"に聞こえるかもしれませんが、そうではないのです。

　仕事、夫婦関係、子育て、健康、介護……生きていれば、誰でもさまざまな悩みを抱えますよね。そんな悩みのなかでも、**「お金がない」**というのは、そのこと自体が大きなストレスになりますし、さまざまな悩みを増幅する面もあります。

　お金に余裕がなくて、夫婦喧嘩が絶えないなんていうケースもあるでしょう。夫婦の折り合いが多少悪くても、お金さえあればそこまで喧嘩しないということも多いのではないでしょうか。このようにお金

に余裕があれば、悩みごとの多くが緩和されたり、解決したりすると、自分の経験からしても感じるのです。

　職場の人間関係でストレスが溜まり、精神的に病んでしまうくらいに追い詰められたら、無理なく仕事を辞めることもできます。夫婦共稼ぎで忙しく、家事や育児に手が回らないなら、週に何回かだけでもプロに代行してもらうこともできます。

　ほかにも、子どもに有利子奨学金の返済義務を背負わせることなく、大学まで出してやれたり、定期的に人間ドックを受けて、生死にかかわる病気を早期発見できたり、自宅で親を介護できなくなっても、快適な施設に入れたりすることだってできます。

　お金の力によって、いろいろな選択肢を得られ、いろいろな悩みを最小化できるわけです。

　世の中の悩みの90％以上は、お金で解決できるとさえ思います。

　**おかげさまで私はいま、投資でお金の余裕を得られていますから、あまりストレスを感じることなく、毎日楽しく生きていられます。**

　毎日8時間くらいぐっすり寝て、スポーツジムに通って汗を流したり、好きな映画を見たり。趣味の一環ともいえる投資関連の情報を楽しみながらチェックしつつ、投資先の企業から年2000万円以上の配当金をもらっているわけです。

　国の年金制度は、いまはまだ原則65歳から受けとれますが、いずれ70歳や75歳まで受けとれない事態になるかもしれません。英国の年金

支給開始年齢は現在のところ66歳ですが、2026〜28年にかけて67歳に引き上げるそうです。

　国はNISAやiDeCo（個人型確定拠出年金）で税制優遇をしてまでも、国民に自分自身で老後資金を貯めるように促しているわけです。「老後資金は国がなんとかしてくれるはず」と過度な期待を抱くのをやめて、高配当株投資によって自分自身で老後の安定的な収入、いわば"自分年金"を築いていくことが必須の時代に突入したともいえるでしょう。

**「なんだか株は怖い」「何を買えばいいかわからない」──でも、投資でお金を増やしたい！**

　そんなふうに暗中模索状態のあなたこそ、ぜひ本書を参考にしていただければ幸いです。

かんち

自分の老後資金は
高配当株投資で
補いましょう！

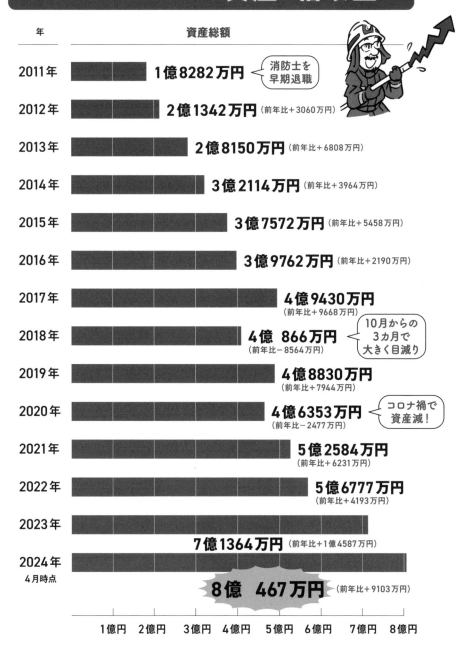

# 早期退職後の13年間で資産3倍以上に!

| 年 | 資産総額 | |
|---|---|---|
| 2011年 | | **1億8282万円** 消防士を早期退職 |
| 2012年 | | **2億1342万円**（前年比＋3060万円） |
| 2013年 | | **2億8150万円**（前年比＋6808万円） |
| 2014年 | | **3億2114万円**（前年比＋3964万円） |
| 2015年 | | **3億7572万円**（前年比＋5458万円） |
| 2016年 | | **3億9762万円**（前年比＋2190万円） |
| 2017年 | | **4億9430万円**（前年比＋9668万円） |
| 2018年 | | **4億 866万円**（前年比－8564万円） 10月からの3カ月で大きく目減り |
| 2019年 | | **4億8830万円**（前年比＋7944万円） |
| 2020年 | | **4億6353万円**（前年比－2477万円） コロナ禍で資産減! |
| 2021年 | | **5億2584万円**（前年比＋6231万円） |
| 2022年 | | **5億6777万円**（前年比＋4193万円） |
| 2023年 | | **7億1364万円**（前年比＋1億4587万円） |
| 2024年 4月時点 | | **8億 467万円**（前年比＋9103万円） |

1億円　2億円　3億円　4億円　5億円　6億円　7億円　8億円

# 目次

# PART 2
## 10万円から始める「自分年金」資産1億円への道

# PART 3
## かんちオススメ！最強の高配当株×優待株

かんちオススメ！ 最強の高配当株×優待株

かんちオススメ！ 安定の高配当株

かんちオススメ！ 株価上昇を期待する優待株
（資産拡大にも少し役立つ株）

かんちオススメ！ 株価上昇を期待しない優待株
（資産拡大にはあまり役立たないものの優待が魅力的な株）

## PART 4
# かんち流「買い」「売り」9つの法則

### かんち COLUMN
`FIRE後のリアルライフ`

## PART 5
# 生活費をすべて株でまかなう投資術

# ちょっと長めのPROLOGUE
# 元消防士が年間配当2000万円

## 祖母の家のちょっと特殊な事情

　私は消防士になってからすぐ、20歳を過ぎたころに株式投資を始めました。

　なぜ、そんなに若くして株を始めたのか？

　ちょっと長くなりますが、私の半生を振り返りながら、株式投資をすることになった経緯についてお伝えすることにします。

　すぐに私の投資手法を知りたい方は、49ページのPART 1から読み進めていただいてもけっこうです。

　ただし、せっかく私の著作を手にとっていただいたのですから、私自身のことを知ったうえで読み進めてもらえると嬉しいですし、理解も深まるかと思います。


　さて、私は1961年に三重県内の地方都市で生まれました。生まれてすぐに名古屋市へ引っ越し、そこで20年ほど過ごします。

　名古屋の短大を卒業後、まずは名古屋市内にある自動車販売店に、営業として就職しました。

　しかし、けっして優秀な営業マンとはいえませんでした。最初こそ親族が車を買ってくれて営業成績は上がったのですが、そんなやり方

はすぐに通用しなくなります。

「これからずっと車を売り続ける自信はないなぁ」なんて思いあぐねていたある日、親父から電話がかかってきました。「三重のばあちゃん（父方の祖母）の家に住んでくれないか」と頼まれたのです。というのも、祖父が亡くなったことで、祖母が1人暮らしになったからでした。

　親父は、祖母の家から離れて暮らしていたので、高齢の祖母の1人暮らしに不安を感じていたのと、ゆくゆくはその実家を私に継いで欲しいという意図からの打診だったようです。

　突然の申し出に少し悩みはしたものの、私はその話を引き受けることにしました。

　**祖母の実家には、少し特殊な事情がありました。戦前、「遊郭」を営んでいたのです。**

　その名残りから、それなりに広い土地に大きめの家屋が建っていました。

　終戦直後の日本では、GHQ（連合国軍最高司令官総司令部）の指示による改革として、遊郭の制度が撤廃になりました。これにより遊郭を畳んでしばらく経っていました。以前の面影はもう残っていませんでしたが、かつては遠くからお客さんが訪れ、活気があったと聞いています。

　そんな土地と家屋が手に入ったのは、ラッキーといえばラッキーなことです。勤務地の名古屋まで通えない距離ではありませんでしたが、自動車販売店の仕事はスパッと辞め、転職先を決めないまま三重に移り住みました。

急に大都市の名古屋から三重の田舎暮らしへと変わりましたが、すぐに慣れました。もとより性に合っていたのかもしれません。それより大変だったのは、私の妻だと思います。

　私が名古屋の短大に通っていたころにディスコで出会った妻は、大都会の名古屋出身。私が三重に移り住んでからほどなく結婚したのですが、最初のころは慣れない田舎暮らしで戸惑ったと思います。

　きらびやかな大都会から、夜になると外は真っ暗で、周りは高齢者ばかりの田舎暮らしになったわけですから。

　それでも子どもを授かり、気がつけば近所の奥さんたちと井戸端会議をするようになっていました。いつの間にか私より地域に溶け込んで、40年にわたって一緒に連れ添ってくれているのですから、本当にありがたいことです。

## 売れない営業マンから消防士へ転身

　さて話を戻すと、三重に移り住み、「さて、次はどこで働こうか」と考えていた私の目に飛び込んできたのが、消防士の勧誘チラシでした。**「あなたも消防士になりませんか？」**というチラシを見て、とっさに「なんの経験もないけれど、オレにもできるんじゃないか！」と思ったのです。

　地元に住んでいる人には優先枠がありましたし、若いこともあって体力にもそれなりに自信がありました。そこで消防士の募集にエントリーし、市役所で試験を受け、無事合格。ちなみに、いまの採用試験とは違って、形ばかりの試験だったように記憶しています。

採用後は消防学校で半年間ほど訓練を受けたのですが、それはけっこう厳しいものでした。集団生活で、火の消し方だけでなく、ロープを使った訓練や防火対策、建築の基本知識などを学んで、晴れて一人前の消防士になったのです。

　**消防士になったのはいいのですが、その給料の安さにはビックリしました。40年も前のこととはいえ、初任給は10万円ほどしかなく、「給料って月2回出るのかな？」と本気で思ったことを覚えています。**

　いまでも消防士の初任給は、地域によっては大卒・短大卒でも20万円に遠く及ばないようです。当時は安月給だったので、基本的にみんな実家から通っていました。そうでなければ、とてもまともな生活はできなかったでしょう。

　とはいえ、消防士の仕事は意外と性に合っていたようで、49歳で早期退職するまで、仕事をイヤになったことはありませんでした。丸1日出勤して、翌日は丸1日休みという勤務スタイルで、1週間のうち2日出勤する週と3日出勤する週が交互にやってきます。

　1回の出勤が普通の人の勤務の2日分にカウントされるので、2週間で10日出勤していることになる"特殊なルーティン"ですね。

## パチンコで稼ぎ、給料は投資に回す

　私が勤務していた消防署の管轄エリアはそう広くはなかったですし、もとより火事なんてそうそう起こるわけではありません。消防車よりも救急車の出動回数のほうが圧倒的に多く、1日の出動回数は日によ

りますが15〜20回程度だったでしょうか。

　やはり高齢者への救急出動が多いのですが、昔気質の高齢者は我慢強く、「これくらいで救急車なんて呼べない」と考えておられる方も多かったようですね。一方で、救急車を呼ぶ人のなかには"常連さん"も多く、「飲みすぎてちょっと調子が悪くなった」というくらいで通報してくるケースさえありました。

　**若いころ、休日はもっぱら"パチンコ通い"をしていました。**私が通っていたパチンコ屋は、「どんなお客さんにも楽しんでもらいたい」という思いから、台を一斉に調整する日があったんです。一部の台だけ調整すると、どうしても常連が有利になりますからね。

　パチンコ台の盤面には、たくさんの釘が打ちつけられています。店側がお客に儲けて欲しいという日は、釘が緩められるんです。それがわかっているから、ちょっと打ってみて「今日は出る」と思えば妻に「今日は閉店までいるよ」と電話し、「今日は出ない」と思えばすぐ帰る、といった具合でした。

　1円も打たず、雰囲気だけ味わって帰るときもありました。

## 1日でほぼ確実に3万円稼げるパチンコ

　長いときには、開店から閉店まで、12時間座りっぱなしでパチンコを打っていました。しんどかったですよ。それでも打ち続けたのには、理由がありました。"必勝法"を見つけたのです。ただし、そのやり方はひどく時間のかかる"退屈な手法"でもありました。

パチンコは通常、面の左側を狙って球を打ち出します。これを「左打ち」といいますが、昔のパチンコ台では、ひたすら右打ちして玉を貯めてから戻すことで、ルーレットをすべてそろえることができる機種がありました（いまは、もうないですけどね）。

右打ちで玉を増やす時間は、絶対に当たりがこないわけですから、まったく楽しくありません。本当に修行のような時間です。しかも12時間も店にいて、当たりがくるのは2回くらい。その2回のために、ひたすら単調な作業を繰り返すわけです。

かなり退屈ですよ。しかし、いつ当たるかわからないから、気が抜けないのです。


ただし、そんな退屈な作業でも、**1回当たれば1万5000円くらいは、ほぼ確実に儲かる**んです。

2回当たれば3万円ですから、「1日で3万円稼げる仕事」と考えたら、当時の私からすれば割がよかったのです。安月給の本業とは別に、月10日も通えば30万円ほど稼げる仕事なんて、そうありませんからね。

そういう意味でも、丸1日休みがある消防士の勤務体系は、都合がよかったです。

**こうして20代のころは、消防士の給料とは別に、パチンコで年240万～250万円ほど稼いでいました。**

この手法を消防の仲間にも教えましたが、みんな1回か2回やってはみるものの、「たしかに儲かる。けれど、こんなにも退屈なことはやっていられない」と音を上げてしまい、誰一人として続かなかったですね。

私にしてみれば、「1日3万円も儲けられるんだから、それだけでいいじゃないか」と思ったのですが……私には人並み以上の忍耐力が備わっているのかもしれません。

**パチンコでお金を稼げたおかげで、給料の大部分を株に回すことが**できました。

しかし、時代の変化とともに、だんだんとパチンコの機械が新しくなり、勝てなくなってきたので、パチンコとは縁を切りました。

もともとパチンコをすること自体が好きで通っていたわけではなく、稼げるから通っていただけですからね。12時間も座りっぱなしで、大音量の音楽が流れるなか、タバコを吸ったりコーヒーを飲んだりしているわけですから、体にもよくありません。

## 親父から叩き込まれた"株の帝王学"

さて、前置きが少々長くなりましたが、私が株をやるようになったきっかけについてお話ししましょう。

私が株を知ったのは、随分早かったと思います。というのも、株をやっていた親父が、「投資とは何か」を私に叩き込んでくれたのです。

建設業を営んでいた親父は、よくこんなことを言っていました。

**「オレが金回りがいいときに株を買うと必ず損をする。資金繰りがカツカツのときに買った株はたいがい儲かる」**

そんな話をしてくれても、当時の私は株をやっているわけではなかったので、右から左に聞き流していました。しかし、いま思えば、あ

の親父の教えは"投資の本質"を突いていると思います。

　私が得意なのは、業績が景気変動の影響を受けやすい**「シクリカル銘柄」**への投資です。

　シクリカル（Cyclical）とは、景気の拡大・後退・悪化・回復を繰り返す「循環的な景気変動」を意味します。つまりシクリカル銘柄とは、自動車・輸送機器・航空・海運・不動産、それに建設や建材関連など、業績が景気に大きく左右されやすい株です。

　親父が営んでいた建設業は、景気がよくなると、あちこちに建物が建設され、人件費も資材費も高騰していきます。だから、建設業の親父が潤っているときは、世の中もバブル状態にあるわけです。

　そういったときの株は、たいがい高値圏にある。だから、そのときには天井圏の高値で買う**"高値づかみ"**になってしまい、その後、下落して損する可能性が高い。

　一方、建設需要が落ち込むということは、世の中全体の経済が低迷している証ともいえます。そのときは株価も停滞しているケースが多いわけですから、安値圏で買っておければ、その後、儲かりやすいわけです。

　ちなみに、シクリカル株とは逆に、需要が底堅く、業績が景気に左右されにくいのは**「ディフェンシブ銘柄」**と呼ばれます。具体的には、電気・ガス・医薬品・日用品・食料品・サービス・保険・陸運・ヘルスケア・たばこなどの銘柄です。

　いくら景気が悪くなっても、それがなければ生活できない生活必需

# シクリカル（景気敏感）株とは？

| 業種 | 銀行　金属　機械　化学　繊維　商社　自動車<br>運送機器　航空　海運　不動産　精密機器　建設 |
|------|------|
| 銘柄例 | トヨタ自動車（7203）　商船三井（9104）<br>三菱商事（8058）　ANAホールディングス（9202） |

# ディフェンシブ株とは？

| 業種 | 電力　ガス　医薬品　日用品　鉄道　食料品　サービス<br>保険　陸運　ヘルスケア　たばこ　小売　水産　食品 |
|------|------|
| 銘柄例 | JT（2914）　東日本旅客鉄道（9020）<br>KDDI（9433）　東京電力ホールディングス（9501） |

品が中心ですね。

　私はこんなふうに、幼いころから親父に株の話を聞かされて育ちました。いわば**"株の帝王学"**ですね。

　いま振り返ってみても、私の投資手法は、親父の教えがベースになっていると思います。

　そんな私が、消防士として安いながらも安定した給与を得るようになったことで、**「よし、オレも株をやってみよう」**と思うのは自然な流れでした。とりあえず地元にある東海証券（現・東海東京証券）で口座を開こうと店舗に出向いたところ、「もうすでに口座はありますよ」と言われました。親父が、私の証券口座を開いていたんです。

　親父に聞いてみても、「あれ、そうだったっけか」と覚えていない様子でしたけどね。

証券口座はあるものの、最初は何を買っていいかまったくわかりません。そこで親父に「何を買ったらいいのかな？」と相談したところ、**「おまえの安月給で買えるのは鉄鋼株くらいだろ」**と言われたのです。

　いまは株の売買が基本的に100株単位ですが、当時は1000株単位。株をやろうと思ったら、いま以上の元手が必要だったんですね。

## ビギナーズラックで株価がみるみる上昇

　そんななか、1985年後半〜86年前半くらいは、鉄鋼各社の株価が軒並み低迷していました。

　戦後までさかのぼると、第2次世界大戦が終わった後、日本政府がまず注力したのは鉄鋼業の振興でした。日本が復興するためには、"産業のコメ"と呼ばれる鉄の存在が欠かせなかったからです（いまは半導体が"産業のコメ"と呼ばれて注目されていますね）。

　そこで敗戦から間もない1947年には、限られたヒト・カネ・モノを鉄鋼・石炭産業に重点分配する**「傾斜生産方式」**で素材産業を復興させたことを足がかりに、自動車・造船・電機といった組み立て型の製造業を大きく発展させました。

　これが日本の高度経済成長の大きな足がかりとなったのです。


　しかし、1970年代からしばらく、鉄鋼業は"冬の時代"へと突入しました。1973年、第4次中東戦争が勃発したことから、石油産出国が原油価格の引き上げを表明。第1次オイルショックが発生し、中東からの石油輸入に頼っていた日本経済は大打撃を受けました。

1974年の消費者物価指数（CPI）は前年比で23％も跳ね上がり、**「狂乱物価」**と呼ばれ、鉄鋼業界も深刻なダメージを受けたのです。

　また、1985年の**「プラザ合意」**の影響も大きかったです。

　プラザ合意とは1985年9月、日・米・英・仏・独の主要5か国（G5）の財務大臣・中央銀行総裁会議で発表された、日本の対米貿易黒字削減に向けた合意です。

　当時の日本はイケイケで、とくに米国では輸出の減少と日本からの輸入の拡大にともなう貿易赤字が大きな問題となっていました。そこで、円高・ドル安を進めることで、米国の輸出競争力を高め、貿易赤字を減らそうというのが、この合意の狙いでした。

　円安・ドル高の修正により、急速に円高が進行し、為替相場は1年で1ドル240円から160円へと急上昇。鉄鋼メーカーは安価で原材料を輸入できますから、円高が悪いとはいえません。しかし、鉄鋼をもとに製品を加工・輸出する自動車・造船・電機メーカーへのダメージは、かなり大きなものでした。

　結果として、鉄鋼も減産や取引先からの値下げ要求を受けることになり、"鉄鋼不況"に陥ったのです。


　**こうした経緯があって、鉄鋼業の各銘柄は、資金力のない私でも1000株単位で買えるほど低水準の株価になっていたのです。**

　いくら株価が低迷しているとはいえ、「鉄は国家なり」と言われて国策と結びついた鉄鋼産業は、そう簡単に潰れるとは思えない。なおかつ親父の教えに沿えば、景気が悪いときに買った株は必ず上がるはず。

そのような思いから、**新日本製鐵（現・日本製鉄）、住友金属（現・日本製鉄）、川崎製鉄（現・JFEホールディングス）の株を約30万円分ずつ買いました。**

　買ってから１年くらいは、とくに大きな値動きはありませんでしたが、ほどなくバブル景気が到来したのです（バブル景気は1986年12月に到来し、1991年２月までの51か月間続いたとされています）。

　バブル景気が訪れ、１株100円ほどで買った保有株が300円になり、500円になり、1000円にまで値上がりしました。

　私は500円を超えたところでソワソワしてしまい、700円になる前にすべて売ってしまいましたが、それでも元手の６〜７倍くらいになったわけですから、だいぶ儲かりました。

　とはいえ、元手自体がそれほど多くなかったので、小金を稼いだに過ぎません。親父からは**「これは単なるビギナーズラックだ。次に買ったら確実に損をするから、２〜３年は株を買わずに待っておいたほうがいい」**と諭されましたが、調子に乗って待てずに買ってみた結果、やはり失敗しました……（詳しくは後述します）。

## 靴磨きの少年のように消防士が株の話を始めたら

　株をやるうえでは、消防士という職業が有利に働きました。

　いまでこそ昼休みに数分あれば、スマホで株の売買ができますが、私が株を始めた当時は、証券会社に出向いての対面、あるいは電話でしか買えませんでした。

普通の会社員であれば、株の売買は難しかったと思います。

ところが消防士だった私には、平日に丸1日休みがあるわけですから、平日の休日に証券会社へ立ち寄り、売買することができたのです。証券会社のほうも、若造の私にお金がたいしてないことがわかっていたので、しつこく金融商品をススメてくることもありませんでした。

ネット取引が普及してからも、消防署では、昼休みにときどきスマホで株価をチェックする程度でした。

そもそも消防士は、勤務時間中はスマホをしまい込みます。もし身につけているときに出動となれば、スマホが壊れるかもしれませんからね。ですから「勤務中にちょっと確認する」といったことは、昼休み以外は、まずありませんでした。

そして、株をやっていることは、しばらく消防署の同僚には明かしていませんでした。そもそも株に興味がなさそうな人ばかりで、明かしたところであまり共通の話題にはならないだろうと思ったからです。

それでも、1985年に日本電信電話公社から民営化した日本電信電話（NTT）株に関しては、マスコミが大きく報道して話題になったこともあり、消防の同僚にも買った人がいました。そのときに共通の話題として株について雑談した流れで、何人かには株をやっていることを明かしました。

**NTT株は1987年に売りに出されましたが、1回目の売り出し価格は119万7000円。株式分割を考慮した実質ベースだと5867円です。**

上場日には買い注文が殺到して値がつかず、翌日に160万円で初値

がつきました。そして、そのわずか2か月後には318万円まで値上がりしましたが、これは"平成バブル"の象徴としても有名な話です。

　しかし、**「靴磨きの少年が株の話をし始めたら、近いうちに相場が暴落する」**と言われるように、普段株の話をしない消防士でさえ、株が値上がりすると思っている状況は、"相場が天井に近いことを示すサイン"であり、近く相場が暴落する予兆かもしれない。有名な格言の通り、やはり"危険な水域"だったのでしょう。

　この株価318万円を天井にバブル崩壊となり、その後ずるずると下がり続け、損をした人も多かったと聞きます。ちなみにNTT株は2000年にかけていったん値上がりしましたが、そこからまた下落。2000年以降、再度売り出し価格を超えたのは、実に2017年のことでした。

## 「優待株」にどんどんハマっていく

　当初は、いろいろな銘柄への投資を試してみましたが、どんどんハマっていったのが**「優待株」**です。最初のころに買った優待株は、日本マクドナルドホールディングス（2702）や吉野家ホールディングス（9861）、スターバックスコーヒージャパンといった銘柄です。

　スターバックスは後に上場廃止となりましたが、1株約3万円を持っていれば2枚のドリンクチケットがもらえたうえに、サイズやオプションも追加料金なしで選べるなど、とてもお得感がありました。

　「これまででいちばん嬉しかった優待株は？」と尋ねられると、マクドナルドと吉野家を思い起こします。「無料で食べられる」というスパイスが効いて、お金を払って食べるより美味しく感じられたんです。

なおマクドナルドも吉野家も、私が買ったころに比べると、いまは
ずいぶんと株価が値上がりしています。マクドナルドの株価は、2006
〜10年ごろは1800円台だったのが、いまは7000円近くになっています
（2024年4月現在、以下同）。そのため、ある程度値上がりしたところ
で、100株だけ残して全部売ってしまいました。

　**100株だけ持っていれば、マクドナルドではバーガー類、サイドメニュー、ドリンクの商品引換券が6枚ずつ用意された優待食事券を、吉野家では500円のサービス券を4枚もらうことができますから。**

　外食産業の優待券を持っていると、現金を払わなくても外食ができ
る。しかも、最低単元（100株）だけ保有していれば、株主優待を受
けられます。

　優待株を持っていれば、外食のコストが著しく下がるということに、
ある日ふと気づきました。そうして優待株にハマり、だんだんと外食
産業以外の優待株も買うようになっていったのです。

## みずほ株への集中投資で資産３億円

　そんな優待株も好きなのですが、大きく資産を増やしたのは、みず
ほフィナンシャルグループ（8411）の株でした。

　バブル崩壊後の1990年代、多くの銀行が多額の不良債権を抱えてい
ました。そこで2000年9月に第一勧業銀行・富士銀行・日本興業銀行
が合併し、世界最大にして世界初（当時）の総資産1兆ドルの金融グ
ループ、みずほホールディングスが誕生しました。

発足当初こそ強気の株価でしたが、2002年4月にみずほ銀行とみずほコーポレート銀行が発足すると、多くの問題が発生してしまいました。営業初日からシステム障害が発生し、口座振替が遅延。金融庁から業務改善命令が出される事態となったのです。

　システム障害により社会的なイメージが悪化しただけでなく、不良債権問題が明らかになるにつれ、経営状態も悪化。2003年には2兆3700億円もの巨額赤字を計上し、株価は連日安値を更新してしまいました。2003年には、みずほフィナンシャルグループが設立されてみずほホールディングスの親会社となったものの、その株価は同年4月、額面割れ寸前にまで下がりました。

　**みずほフィナンシャルグループの株価は、ピーク時の20分の1、1株5万8000円台まで下がったのです**（当時、この株は1株単位でした）。ただし、いくらみずほの経営に問題があるにしろ、日本を代表する金融機関としては、株価が下がりすぎだと思いました。

　私はいつか株価が戻ると確信し、底値から少しリバウンドしたところで買い集めたのです。もともと私は分散投資をモットーとしていますが、このときだけは集中投資といっていいくらいみずほ株に注力し、ポートフォリオ（資産構成）の半数ほどを占めました。

　**要するに、暴落したときは、売り時ではなく買い時なのです。**暴落でいちいち損切りしていたら、まともに資産形成などできません。保有している株の含み損は見ないことにして、さらに株を買うのが正しい行動です。

日ごろの生活でも、価格が安くなるバーゲン時に買いますよね。それなのに、株がバーゲン価格になったら売ってしまうのは、そもそもおかしいと思いませんか？

　仮にしばらく株価が戻らなくても、2003年こそ無配に陥ったものの、翌年からはそこそこの配当金がつくようになったので、しばらく保有しているつもりでしたが、目論見通りに株価は上がっていきました。
　保有株式数は変わらなくても、株価が上昇して評価額が膨らんだことで、一時は私の全資産額の6〜7割をみずほフィナンシャルグループ株が占めるまでになったのです。
　結局、同社の株は2006年4月19日に上場来高値（103万円）を更新。そのときも耐え切れず、天井より前で売ってしまいましたが、**おかげで資産は3億円突破と急拡大しました。**

## 資産2億円を超えたところで大災難に襲われる

　私は出世欲がなく、どれだけ周りにススメられても昇進試験は受けませんでした。
　昇進したところで、仕事が忙しくなるばかりで、給料はたいして上がらないからです。結局は49歳のとき、早期退職することにしました。
　「辞めようかな」と思い始めたきっかけは、**資産2億円を超えたこと。**配当利回りが平均4％くらいだったので、配当金だけで年800万円ほどを得られる状態になっていました。
　これなら配当利回りが多少下がっても、さほど生活レベルを落とす

ことなく暮らしていけると思ったのです。

　ただ実のところ、消防署の居心地がよかったので、資産２億円を超えてからも、なんとなく惰性で仕事を続けていました。その間も株式資産は順調に増え続け、前述したように、みずほフィナンシャルグループ株の恩恵にあずかり、資産３億円超にまで増えたわけです。

　資産２億円を超えたあたりから「いつ退職してもいい」とは思いつつ、消防署の居心地のよさを味わっていたわけですが、物事はそうはうまく進まないものです。順調に資産が増えていた2008年、あのリーマン・ショックの激震に襲われました。

　**３億円あった資産は一気に半減。業績悪化で各社の減配が続いて、年1000万円ほどになっていた配当金も、がくんと急減したのです。**

　私は株価が乱高下しても、そこまで気持ちが乱れることはありませんが、あのリーマン・ショックのときばかりは、さすがに気分が落ち込みました。仕事をしていても、毎日毎日自分の年収以上に評価損が膨らんでいくのですから、そりゃあ気が滅入ります……。

　いま振り返ってみれば、いずれ株価が持ち直すだろうことは想定できても、あの最中は五里霧中で先行きがどうなるかなんて、考えられたものではなかったですから。

　ご存じの方も多いと思いますが、リーマン・ショックについて簡単に補足しておくと、米投資銀行**「リーマン・ブラザーズ」**の経営破綻に端を発した世界的な株価大暴落です。

当時の米国は住宅バブルが起こっており、所得が低くて信用度が低い人でも住宅ローンを組むことができる**「サブプライムローン」**を発行していました。リーマン・ブラザーズは、この債権を証券化した**「サブプライム証券」**を売っていたのです。

　しかし、バブルはいつまでも続くわけではありません。サブプライムローンの不良債権が増加したことで2008年9月にリーマン・ブラザーズが破綻に追い込まれ、連鎖的に多くの銀行や融資を受けていた会社が倒産したのです。

　その影響は日本の相場を直撃し、2007年後半に1万5000〜1万6000円台だった日経平均株価は、2008年10月にはバブル崩壊後の最安値（7162円90銭）を更新しました。

## 起死回生の信用取引で大失敗

　2008年4月に日経平均が1万3000円を割って下げ止まったかと思い、私は起死回生の資金投入をしました。

　**私は、大きく勝てると思ったときに限定して、「信用取引」を活用することがあります。このときもそうでした。**

　投資初心者の方のために、簡単に信用取引について説明しましょう。株式投資には、「現物取引」と「信用取引」があります。現物取引は自分のお金で株を買いますが、信用取引は証券会社に預けている現金や株式を担保に、証券会社からお金や株式を借りて売買します。

　**信用取引は「現金や株式を担保にする」と書きましたが、もっと正確にいえば、株価が今後上昇すると思えば「現金」を、反対に株価が**

**下落すると思えば「株式」を借りることになります。**

　わかりやすくシンプルに言うと、信用取引は、証券会社に借金をして投資する手法です。手元資金の3.3倍までレバレッジをかけて投資できますが、その借金は通常半年後には必ず返却しなくてはならないルールです。

　それだけリスクを抱えることになるので、一般の個人投資家はやってはならない代表的な投資手法とされています。

　**そんなリスクを負ってまで信用取引で勝負したわけですが、うまくいきませんでした。**

　フタを開けてみると、資金投入後ずるずると株価は下がり続け、翌2009年の3月10日には、日経平均株価の終値はバブル崩壊後の最安値を更新する7054円98銭をつけました。上がると思ってレバレッジをかけて株を買ったのに、逆に大きく値下がりしてしまったのです。

　一時3億円を超えた資産は、**1億5000万円にまで半減**しました。

## 信用取引の"保守的なマイルール"

　しかし、私はやみくもに信用取引で勝負をかけたのではありません。リスク回避のマイルールを設定していました。

　**「保有する現金以上に損失が膨らんでしまったら、その時点で信用取引分を損切りして負けを認める」**と定めているのです。

　たとえば現金100万円があるとすれば、信用取引の評価損100万円未満まで信用取引を続けても、評価損100万円に膨らんだ時点で、問答

無用で損切りして、潔く負けを受け入れるということです。

そうすれば、現金を失うことにはなっても、保有株のポートフォリオには傷がつきません。もし現金以上に損失が膨らめば、保有する現物株まで処分せざるを得なくなり、ポートフォリオがめちゃくちゃになってしまいます。

そうなれば、株式資産を回復させるまでに、場合によっては何年もかかってしまうのです。

**だから信用取引をするときには、想定される最悪の事態になったとしても、最低限の損失にとどまるように"保守的なマイルール"を定めているわけです。**

ただし、このマイルールが適用されたのは、リーマン・ショックでのただ一度だけ。また、あのリーマン・ショックでも、「いったん下げ止まったときに買っていれば、通常ならまず儲けることができた」という思いは、いまも変わりません。というより、そのような状況下で買わなければ、通常大きく儲けることはできません。もしいま再びまったく同じ状況に陥ったとしても、やはり同じ行動をとるでしょう。

**あのときの値動きは、前代未聞のイレギュラーとして割り切るしかありません。**

「95％勝てる」といまでも思える状況で負けたのですから、後悔しても仕方ありません。リーマン・ショック時の投資は、私にとって"失敗"ではありますが、どうしようもない失敗もあるのだと思っています。

そんな最悪の事態でも、損失を最小限にするマイルールは大切にしたいものです。

## どんな状況でも株を楽しむ秘訣

リーマン・ショックでは、痛い目にあったものの、そもそも投資を始めたおかげで、その前に資産3億円まで増えたわけです。

マイルールが功を奏して、保有株のポートフォリオが痛んでいるわけではなかったので、何年か投資を続ければ、必ずや資産3億円まで戻るはずだと、確信に近い思いがありました。

もしリーマン・ショックの前、資産2億円を超えた段階で消防士を退職していたら、生活が苦しくなっていたかもしれません。リーマン・ショック後、しばらくは資産が減っていく心もとなさがありましたし、「自分のやり方は合っているのだろうか」という不安も抱きました。

もっとも、リーマン・ショック後には、株価が5分の1まで激減しているのに、配当や優待のレベルを変えない会社が大半でした。

**その結果、利回りが20%とか40%もあるような優待株がゴロゴロありました。そういう株を買い集めて、いまに至ります。やはりピンチはチャンスなのです。**

たとえば、いまではかっぱ寿司や牛角、大戸屋などを傘下に収める外食大手のコロワイド（7616）。当時、株価が400円くらいまで下がりました。つまり20万円あれば500株買えたわけです。

コロワイド株は、500株買えば、グループ店舗で利用できる年間4万円分相当の優待ポイントが付与されます。**20万円分の株を買って4万円の優待ですから、株価の20%分が優待として株主に還元されることになります。**これは、ものすごい還元率です。

「これは自分だけでなく、家族総出でやるしかない」と、妻と子どもを含めてコロワイド株を買いました。

　また、ホテル事業や不動産事業を展開するサムティ（3244）は、リーマン・ショック後、最安値でいえば100円を切りました。最安値では買えていませんが、私は5万円で200株を買える水準で購入しました。

　5万円で買える200株を持っていれば、ホテルの宿泊券を2枚もらえます。普通に泊まれば1泊7500円くらいしますから、2枚で1万5000円分。**実に株価の30％分が還元されていたというわけです。**どう考えても、あり得ないくらいの還元率です。


　ですから、リーマン・ショックに見舞われ、「ダメだこりゃ、どうしようもない」と落胆する一方、「このまま株価が上がらなくても、配当や優待がこれほど高い還元率なら、これはこれでアリかも」という気持ちも抱いていました。

　会社側も株価が低迷したまま、高い配当や優待をずっと出し続けるわけにはいきませんから、減配あるいは優待を縮小するか、株価が元に戻っていくかのどちらかしかない。ならば、少なくとも減配（無配）、あるいは優待を改悪するまでは、株を持っていればいいだろうという判断になります。

　基本的に、私は楽観的なほうだと思っています。株をやるうえでは、最悪の自体を想定しておくことも大事ですが、「こうなったら楽しいな」と明るい方向のシナリオに思いを馳せるほうが楽しいです。

　**だから私は、リーマン・ショックで株価が大暴落したときに「もう株はやめよう」ではなく、「きっと株価は元に戻ってくるだろう」と思**

ったのです。

しかし、「株にすべてをかける」といった悲壮な気持ちで投資をしていると、たとえ一瞬は儲かっていい思いをしても、きっとそのうち辛くなってくると思います。一方で、「いつ暴落するかわからない」といった思いが強すぎると、そもそも投資ができません。

やっぱり楽しみながら、株を長く続けることが何より重要だと思います。

## 49歳で早期退職、専業投資家の道へ

たとえば、「こうなればいいな」と思うのは、こんなシナリオです。

> インフレが続き、企業の賃上げが中小企業まで波及する。それを見て日本銀行（日銀）がマイナス金利を解除し、金融が正常化する。企業のPBR（株価純資産倍率）は適正な水準となり、多くの企業がPBR1倍を超える。日経平均株価は5万円くらいまで上昇。それまでに投資を始めた人がみんな儲かり、お金を使い始める。そして経済が回る――。

理想的な話ですが、けっして夢物語ではないと思います。また、私のように無理のない投資をしていれば、このような事態が実現せず、リーマン・ショックのような最悪の事態が再び訪れたとしても、なんとかなるものです。

さて、消防士を辞めたときの話に戻りましょう。

リーマン・ショックから数年、私の資産は減り続け、横ばいの期間も4年ほどありました。そんななか、ようやく再び資産2億円に近づいてきた2011年、ついに私は消防士を辞めることにしました。

退職の決心がついたのは、資産2億円に回復しつつあったこともありますが、いちばんの決め手は本署への異動辞令が出たからでした。

田舎の消防署というのは、実のところ本署以外はそう忙しくありません。職場の仲間とワイワイやりながら、署内で自炊して好きな料理をつくって過ごす。もちろん、みんな真面目に職務にあたっていますが、そんな仲間たちとの職場が、けっこう楽しかったんです。

しかし、本署へ異動することになると、それまでとは違い、忙しくなります。仲間とワイワイやりながら働けていた環境がなくなり、自分のために使える時間も減る。

もともと早期退職をしたくて株を始めたのではなく、**「配当や優待がもらえると嬉しいし、資産が増えていくのも楽しい」**という思いから株を続けていたわけですが、「ここらが潮時かな」と感じ、49歳で退職を申し出たのです。

田舎の公務員が49歳という中途半端な年齢で早期退職するケースは、ほとんどありません。上司からは引き止められもしました。ですが、退職しても金銭的に困らず、かつ望んでいない異動辞令が出たのですから、私としては退職届を撤回する理由が見当たりませんでした。

その後、2012年に民主党政権から自民党政権に戻ると、大規模な金

融緩和を主軸とした安倍晋三首相（当時）による経済政策「アベノミクス」により、日経平均株価が上昇。それにともない、私の保有資産も順調に増えていきました。

2014年には、ようやくリーマン・ショック直前の資産を超えることができました。**資産の回復に6年ほどかかりましたが、アベノミクスには本当に助けられました。**

そうして60歳を超えたいままで、専業投資家として株の配当金で生活してきました。かつて公務員だった頃に加入していた共済年金制度（2015年10月に廃止されて厚生年金に一本化）の名残りで、62歳からは年金の一部の支給も始まっています。

共済分の年金は年間約100万円。65歳になれば国民年金分が加算されて年間約180万円が支給される計算です。

**ふつうは年をとって仕事を辞めれば収入が減るのが当たり前ですが、私の場合、毎年増えています。**

生活費は株の配当金から捻出すると決めているので、年金は全額お小遣いに充てることができます。年180万円は、生活費としては足りなくても、お小遣いとしては十分な額ですよ。

## 退職後13年間で資産3倍に成長

そんな私の現在の資産総額をお伝えすると、2023年末時点で、資産約7億円、年間配当金2000万円を超えました。より正確には、**資産7億1364万円、年間配当金2057万円**です。

**資産は前年比１億4587万円増、増加額では過去最高です。**配当金も2022年から300万円ほど増えました。税金400万円ほどが引かれるので、手取りの配当金は1600万円ほどです。

　基本的なことですが、投資したお金は「複利」で増えていきます。これこそが"投資の醍醐味"だといわれます。

　複利とは、利子にも利子がつくということ。100万円を年10％の利回りで運用したとしたら、１年後には10万円増えて110万円になります。そして２年後には、同じく10万円増えるのではなく、110万円に対して10％増えるわけですから11万円増えて、121万円になるのです。

　この複利のパワーは非常に大きく、資産が増えれば増えるほど、資産の増え方がどんどん加速するのです。私は投資歴40年以上ですが、ここ13年で資産が３倍以上になっています（９ページ参照）。

**2024年に入ってからも順調に資産が増えており、４月時点で資産総額は８億0467万円となっています。**

　すべての生活費を配当金から捻出している分、すべてを投資に回している人より資産増加ペースは落ちますが、それでもおおむね毎年資産が膨らんでいることがわかります。

　この13年のうちに、前年比がマイナスになったのは、2018年と2020年の２年だけです。2018年は株式市場全体の値動き（地合い）こそ悪くなかったものの、たまたま私の保有株が全体的に値を下げてしまいました。2020年は新型コロナウイルスの感染拡大により、多くの銘柄の株価が低迷したためです。

分散投資している分、パフォーマンスは基本的に日経平均株価などの指数と連動しがちです。

**生活費については、いまは年1回1500万円を引き出し、それを1年の生活費としています。**

49歳で消防士を辞めたときは、その時点の年収と同じ800万円を引き出していましたが、その翌年には「もう少し引き出しても余裕があるな」ということで1000万円に増額。そして、しばらくして「まだ使えるな」と、現在の1500万円まで年間生活費を増やしたのです。

手取り年収1500万円の会社員というのは、とくに私が住んでいる町にはほとんどいないでしょうし、都会でもなかなかいないのではないでしょうか。手取り年収1500万円ということは、額面で年収2400万円くらいになりますからね。

正直なところ、年1500万円を使うのはけっこう苦労します。のちほど詳しく説明しますが、食品や日用品の多くは優待品でまかなっていますし、ほとんど贅沢をしないので、使い切れないのが正直なところです。お金の運用は私が担当、お金を使うのは妻が担当ですね（笑）。

## 投資割合は「高配当株5：優待株3：成長株2」

投資手法については、基本的な姿勢は変わりませんが、ここ数年は高配当株に注力するようになりました。割合でいうと前述の通り、**「高配当株5：優待株3：成長株2」**（金額ベース）のイメージです。

銘柄数でいうと、600銘柄以上を保有する"超"分散投資型です。こ

こまでの分散投資は、狙ってやったというよりも、資金に余裕が出るたびに株主優待がもらえる最低単元だけを購入し、優待株を増やした結果です。

　なお、企業からは毎年配当金のお知らせや議決権行使書が届きますが、600銘柄以上の封書すべてに目を通すのは、なかなか骨の折れる作業です。それでもしっかりすべての封書に目を通し、議決権の行使を求められる場合には、すべて返送するようにしています。

　とくに6月と12月には、多くの封書が届きますから、けっこう大変です。封書はポストにも入りきらず、いつも郵便局員さんが袋に入れてインターホンを鳴らして届けてくれます。その書類の整理には、かなり時間がかかります。

## 投資家の心理が複雑に絡み合う

　さて、私は自宅こそ祖父母から継ぎましたが、とくに高給とりだったわけではありませんし、株式投資で財をなしたといっても、リスクの高い手法はとっていません。頻繁な売買もしていません。

　世の中には毎日株を売り買いして資産を増やしている人もいますが、そんなことができるのはごく限られた一部の人だけです。会社勤めをしている一般の個人投資家が、そんな人たちを真似したところで、まずうまくいかないでしょうね。

　**株価が動くのは、企業の業績そのものではなく、投資家の心理が複雑に絡み合うからです。**

短期間で儲けるためには、必然的に海千山千の投資家たちと勝負しなければならなくなります。そのなかにはプロもいれば、最近では機関投資家によるAI（人工知能）の売買も加わっています。素人が勝つのは、まず無理ですよ。

　私が好きな車の世界でいうと、免許をとりたてのペーパードライバーが、サーキットでプロレーサーと勝負するのと同じようなものです。

　またデイトレーダーとして名を馳せているような人たちの投資手法は、ある程度のところまでは言葉で説明できても、最後に「ここで買いだ！」「ここで売りだ！」と決断する部分には、感覚的なものが含まれています。そして、それがいちばん重要だったりするのです。

　真似しようとする素人は、その感覚的なところが理解できません。その感覚は、もともとの天才肌か、長い時間をかけて失敗と成功を繰り返しながら身につけていくしかないでしょう。たとえ9割理解できたとしても、1割が理解できていないのであれば、おそらく失敗します。

　長年投資の世界にいると、**「人間の欲は際限がないんだなぁ」**と思うこともあります。成功を急ぐと、そのぶん失敗するリスクも高まる。それでも多くの人は、ほんのひと握りの成功を夢見て挑戦をやめません。

　私のやり方は、そんな短期間での成功を望む人たちからみれば、望ましいものではないかもしれません。**それでもやはり、自分で言うのもなんですが、私のようなやり方が"投資の王道"であり、無理なく資産を増やしていく手法だと思います。**

　短期間ではなく、長い時間軸で投資をする。自分の力ではなく、株自身が持っている増える力を信じる。これが投資の鉄則です。

## 勉強せずにテストで70～80点とる方法

　私のやり方は、株に対する知識も、費やす時間もそこまで必要ではありません。**いうならば、ほとんど勉強していないのに、テストで70～80点をとれるようなイメージです。**

　これって、けっこうスゴイことだと思いませんか？　私の手法を使えば誰だって、自分の人生を楽しむ時間をしっかりと捻出しながら、お金を増やすことができるはずです。

　高配当株や優待株は、買えば買うほど生活コストが下がって、使うお金が劇的に減少し、さらに株がたくさん買えるようになります。配当利回りが高いときに、できるだけ若いうちからひたすら余裕資金を投資すれば、定年を迎える前には"自分年金"が完成します。

　**私は、高配当株投資は農業に似ていると考えています。**最初に小さな芽が出て、大きく育つまでには時間がかかるけれども、手をかけた分、しっかりと育ってくれる。そして大きく育ってくれたら、たくさんの果実がなる。

　いったん田んぼや畑を買ったら、その田畑自体の値段は気にしませんよね。気にするのは、「どういう作物が実るか」でしょう。株も、いったん買った銘柄の株価はさほど気にすることなく、どういう買い方をすれば、もっとも効率よく優待や配当を受けとれるのかといった、"果実"のほうに目を向ければいいと思います。

# フルポジションでお金を増やす

　私は、証券口座に入れているお金のほとんどすべてを株式に投資する「フルポジション」のやり方をとっています。**現金買付余力をほとんど持たず、証券口座内の95％以上は、つねに株式（現物株）で占められている状態です。**

　現金のままではお金は増えませんから、「可能な限り、お金に働いてもらう」ようにしているのです。下げ相場になって割安株が出てきたら、35ページで触れた "保守的なマイルール" に基づいて信用取引をします。

　いまはインフレが進んでいますから、現金の価値は目減りしていく一方です。いまも昔も1万円は1万円ですが、1万円で買えるものは、明らかに少なくなっています。総合インフレ率は、2023年を通して2％を上回りましたが、スーパーに行くと如実に物価高を感じます。

　せっかく頑張って100万円、200万円と貯めても、それが貯金なのであれば、インフレが続くほど価値が目減りするのです。

## 最低限のリスクで信用取引を活用する

　私は頻繁に株を売買しないといいましたが、フルポジションだとそもそも現金買付余力がないので、頻繁な売買はしづらいです。銘柄の見つけ方・買い方については次のPART1で詳しく紹介しますが、証券

口座にある資金の95％以上は、つねに株に投資しているため、余分な現金は持っていません。

**　だから、いったん株を信用取引で買って、その後で株を売る。そして、信用取引で買った株を現引きして保有株にすることで、ポートフォリオに組み入れるという流れをとっています。**

　ただ信用取引といっても、私の場合、レバレッジの比率はそこまで高くありませんし、最初に買うのはせいぜい100万円くらいまでと、私の資産規模からすると多額なわけでもありません。

## "投資の入り口"としてオススメの高配当株

　投資というのは、「始める」局面だけでなく、「続ける」局面でも壁があります。だからこそ、とくに最初は、「株って本当にお金が増えるんだ」ということを実感するのが重要だと思います。

　「買ってみたはいいものの、大きく下がってしまった」となってしまうと、株を続けることがイヤになりますからね。

　そういう意味でも、安定的に配当金が入ってくる高配当株は、**「本当にお金が入ってきた！」** と感じやすいはずです。投資の入り口として、成長（グロース）株投資よりも、よほどいいと思います。

　堅実にお金を増やしていった結果として、無理のない程度で成長株に手を出すのはいいですが、短期間で大儲けしようと、最初から大勝負するのはリスクが高すぎます。

# かんち式
# 高配当株を見つける
# 5つのステップ

# かんち流
# 「貯株」のススメ

　まず大前提として、個人投資家のみなさんには、ぜひ「貯株」を強く意識していただきたいです。

　現金を貯めるのではなく「株」を貯める、頻繁に株を売買するのではなく、あくまで貯金のように貯株するというススメです。

　貯金といえば、お金を貯めていくこと。イメージとしては、「お金を積み上げていく」ものであり、「お金を頻繁に預けたり引き出したりして、ときには貯めた額以上のお金を引き出す」なんてものではないはず。そんなことをしていたら、お金は貯まりませんからね。

　株も、それと同じように考えて欲しいのです。

　頻繁に株を売買したところで、なかなかお金は貯まりません。頻繁に売買してお金を貯められるのは、一部の人だけ。それも投資にかなりの時間を割ける人だけだと割り切ってください。

　私自身の経験からしても、本業のある会社員や公務員が真似できるものではないと思います。

　また手持ちの現金以上にレバレッジをかけて信用取引をするようなことも、オススメできません。

　一般の個人投資家が資産を増やすうえで重要なのは「貯株」、つまり地道に株を買い続け、基本的に売らずに保有しておくことなのです。

　この超低金利時代、現金をせっせと銀行に貯金したとしても、お金はまったく増えてくれません。それどころかインフレの進行により現金の価値が下がり、せっかく頑張って貯めたお金が目減りしてしまうのです。

　不動産も、金（ゴールド）も、飲料品も、世の中の多くの商品・サービスが値上がりしています。これは見方を変えれば、日本円の貨幣価値が下がっているともいえるのです。

　実際、株もゴールドも、10年ほど前と比べれば、同じ資金でも半分ほどしか買えません。今後、インフレが進めば、さらにその流れが加速するかもしれないのです。

### 📊 現金は"最弱の武器"である？

　この先の経済がどうなるかは未知数ですが、インフレはしばらく続くと見られています。2022年、2023年は、それなりに企業の賃上げも行われましたが、労働者1人あたりの**「実質賃金」**は2年連続で減少してしまいます。

　少し補足をしておくと、労働者が実際に受けとる給与を**「名目賃金」**といいますが、消費者物価指数に基づく物価変動の影響を差し引いたものは**「実質賃金」**といいます。

　**2023年は名目賃金（現金給与）は1か月平均で32万9859円と、前年を1.2％上回ったものの、物価の変動を反映した実質賃金は、前年を2.5％も下回っているのです。**

　それだけインフレによる物価上昇が、賃金上昇を上回り、生活を苦しくしているともいえます。

**現金は、デフレ下では"最強の武器"です。しかし、インフレ下では"最弱の武器"と化します。**

　インフレ分を給与に反映してくれるような大手企業に勤めるエリート社員はともかく、それ以外では投資によって自分のお金に働いてもらわないと、現在の生活も将来の生活もおぼつきません。

　そんななかで貯金は、資産形成の方法としてとるべきではない選択肢です。ぜひ、「貯株」を強く意識して欲しいです。

# 効率よく配当金を ゲットするポイント

　さて、そんな前置きをしたうえで、あらためて「高配当株」について説明しましょう。私の保有株の割合は、**「高配当株5：優待株3：成長株2」（金額ベース）**となっていますが、もともとは株主優待を目的とした優待株を中心に投資していました。ここ数年で、一気に高配当株の割合を増やしたのです。

　まずは**「配当」**について、きちんと踏まえておきましょう。配当は、企業が事業活動で得た利益の一部を株主に還元するものです。半年か1年に1回のペースで配当金が支払われることが多いですが、なかには四半期ごとに支払う企業もあります。

　ただし四半期ごとに配当金を支払う企業は、1年で支払う配当金を4分割しているだけなので、支払い回数が多いからといって、全体の

# 配当利回りとは？

配当利回りの計算式

## 1株当たりの 年間配当額 ÷ 買ったときの 株価

**JT（2914）の場合** 194円 ÷ 4080円 × 100 = 4.75%（4月1日時点）

配当利回りとは、「1年間に受けとる1株当たりの配当額」を「買ったときの株価」で割ったもの。高配当株を選ぶポイントになるので、気になる株の配当利回りは必ずチェックしよう！

▼

## 配当利回りがアップする要因

**株価が下がる** or **配当が増える**

配当金が多いわけではありません。

　高配当株では「配当利回り」を重視しますが、これは「1株当たりの年間配当額が、買ったときの株価の何％に相当するか」を示した指標です。計算式としては「1株当たりの年間配当額÷買ったときの株価×100」です（前ページ参照）。

　たとえば、1株当たりの年間配当額が50円だとします。買ったときの株価が1000円であれば配当利回り5％、買ったときの株価が2000円であれば配当利回り2.5％と減ります。

「配当利回りが高い」ということは、投資金額に対して多くの配当金を得られることを意味します。


　たとえば、100万円でA社株（株価1000円・配当利回り1％）か、B社株（株価2000円・配当利回り5％）のどちらかを買うとします。

　A社株は1000株買えますが、B社株は500株しか買えないため、同じだけ株価が上がった場合には、A社株のほうが利益を得られます。一見するとA社株のほうが株数が多い分、お得に思えるかもしれませんが、当然ながらA社株が値上がりする保証はどこにもありません。


　一方、配当金は、たとえ減配されたとしても、無配にならない限り、必ず入ってくるものです。

　A社は1株当たり10円の配当金が入ってくるわけですから、1000株で年1万円。これに対してB社は、1株当たり100円で500株保有しているわけですから、配当金は年5万円となります。1年だけで考えると4万円の差ですが、これが仮に10年続けば40万円の差になるのです。

**上下動する株価よりも、安定してもらえる配当金を重視したほうが、着実な資産形成ができるという見方もできるわけです。**

### 📊 高配当株の定義とは？

なお2024年2月時点の平均配当利回りはプライム市場・スタンダード市場で2％ほど、グロースで0.5％を下回る水準となっています。

株主還元の熱が高まっている現在でも、配当金を出さない企業もあります。配当金を出さないか低水準にするかわりに、将来的な業績の成長を目指して利益を先行投資（設備や人材に投資）に回す。そうやって配当金ではなく、株価の成長による株主還元を目指す新興企業に多くみられるやり方です。

これも成長（グロース）株投資の観点からすればけっして悪くはありませんが、私自身は配当を出さない株にはあまり魅力を感じません。

なお「高配当株」の定義はいろいろですが、**本書では「配当利回り3.5％以上」を高配当株と呼ぶことにします。**ちょっと前までは「配当利回り4％以上」を高配当株の基準にしていましたが、このところの株高によって、全体的に配当利回りが下がっていますから、少しだけ基準を下げた次第です。

配当利回りのほかにも**「配当性向」**という指標もあります。これは、企業の「当期純利益」に対して「年間配当金」がどのくらいの割合で支払われているかを示す指標です。

計算式としては、**「1株当たりの年間配当金÷1株当たり当期純利益×100」**となります。前述の例をベースに、1株当たりの年間配当額50

# 配当性向とは？

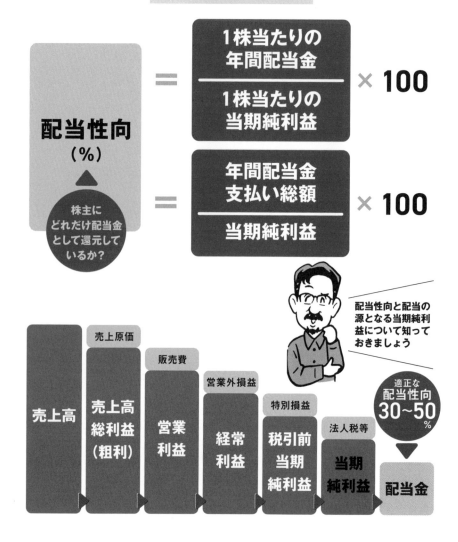

配当性向（%）

株主にどれだけ配当金として還元しているか？

$$配当性向（％）= \frac{1株当たりの年間配当金}{1株当たりの当期純利益} \times 100$$

$$配当性向（％）= \frac{年間配当金支払い総額}{当期純利益} \times 100$$

配当性向と配当の源となる当期純利益について知っておきましょう

売上高 → 売上原価 / 売上高総利益（粗利） → 販売費 / 営業利益 → 営業外損益 / 経常利益 → 特別損益 / 税引前当期純利益 → 法人税等 / 当期純利益 → 配当金

適正な配当性向 30〜50%

円とすると、1株当たり当期純利益100円で配当性向50％、当期純利益200円で配当性向25％です。

日本企業の配当性向は、おおむね30％前後で推移しています。

配当性向が低過ぎると配当金が低いということですが、配当性向が高ければよいというわけでもありません。なぜなら、配当性向を高めるために企業が無理して配当金を払っている場合には、経営そのものに支障をきたすリスクがあるからです。

配当性向は30～50％くらいが適正だと思います。

実感としては、当期純利益を「内部（社内）留保」「先行投資」「配当」に、それぞれ3分の1ずつ分配しているケースが多いのではないかと思います。

# 高配当株の探し方 5つのステップ

早速ですが、みなさんの関心事である「どうやって高配当株を見つければいいのか？」 について説明しましょう。「配当利回りが高ければ、なんでもいい」と考えるのは、かなり危険です。高配当株を適切に選ぶためのステップをきちんと押さえておきましょう。

これから説明する5つのステップを踏まえれば、そう大きな失敗はしないと思います。

## ステップ 1 「配当利回り3.5％以上」の銘柄を抽出

　さて、まずは「配当利回り3.5％以上」の銘柄をスクリーニングして、条件に合うものを絞り込みます。私はマネックス証券の銘柄分析ツール「銘柄スカウター」を活用していますが、ほかの証券会社のツールやグーグルで検索することによって簡単にできることばかりですから、みなさんがやりやすい方法で実践してみてください。

　証券口座にはスクリーニング機能がついていますし、「配当利回りランキング」とググってみれば、上位から順に表示されます。

　ちなみに「配当利回り3.5％以上」の銘柄は609件がヒットします（2024年4月1日時点）。

　次に、基本的には配当利回りの高い順から見ていきますが、トップはアイティメディア（2148）5.91％、次にPHCホールディングス（6523）5.78％、レイズネクスト（6379）5.57％と続きます。

　**配当利回り3.5％以上を投資対象にしますが、私の場合、保有銘柄が600を超えて「配当利回り3.5％以上」だと、「もうめぼしい銘柄が見つからないな」と思えば、「3.0％以上」まで対象銘柄を下げて探すこともあります。**

　現時点で3.0％程度だとしても、増収増益が続いていて、連続増配をしているような企業であれば、そう遠くないうちに3.5％とか4％まで高まる可能性があるからです。

# 配当利回りランキング

| | 銘柄名 | 銘柄コード | 市場区分 | 配当利回り |
|---|---|---|---|---|
| 1位 | 極東証券 | 8706 | 東証プライム | **7.03%** |
| 2位 | アイティメディア | 2148 | 東証プライム | **6.28%** |
| 3位 | レイズネクスト | 6379 | 東証プライム | **5.99%** |
| 4位 | NEW ART HOLDINGS | 7638 | 東証スタンダード | **5.88%** |
| 5位 | PHCホールディングス | 6523 | 東証プライム | **5.83%** |
| 6位 | KSK | 9687 | 東証スタンダード | **5.81%** |
| 7位 | マリモ地方創生リート投資法人 | 3470 | 東証REIT | **5.79%** |
| 8位 | エキサイトホールディングス | 5571 | 東証スタンダード | **5.76%** |
| 9位 | 丸三証券 | 8613 | 東証プライム | **5.56%** |
| 10位 | アールビバン | 7523 | 東証スタンダード | **5.50%** |

（2024年4月1日時点）

　これが3％未満まで下がると、魅力がなくなります。よほどのことがない限り、探しませんし、高配当株として買うこともないですね。

## ステップ2 「増収増益・増配」の銘柄だけを絞り込む

　繰り返しますが、「配当利回りが高い＝買い」とはなりません。配当利回りが高い銘柄のなかには、**「業績が落ち込んで株価が下がったけれども、配当額はそのままだから、相対的に配当利回りが高くなった」**という銘柄も含まれているからです。

　いくら配当利回りが3.5％以上でも、業績が悪化した企業は、いず

れ減配する可能性も十分に考えられます。ですから、配当利回りだけで、投資先を決めてはいけないわけです。**基本的には「増収増益」で、しっかりと業績が伸びていることが欠かせません。**

　また、「増配」しているかもチェックして、増収増益で業績が伸びているにもかかわらず、増配して株主還元しない銘柄は除外します。

　私が活用している「銘柄スカウター」であれば、業績の推移がすぐにわかるようになっています。表にもなっているので、ひと目で「この企業の業績は伸びているな」ということがわかるのがいいですね。

　もちろん、ほかの証券会社でも検索できますし、「会社名　業績推移」とググれば、すぐにわかります。

　きれいな右肩上がりで増収増益が続いていれば理想的ですが、多少デコボコしていたとしても、全体的に右肩上がりになっていれば、私の基準ではクリア。**「平均して何％以上伸びていればOK」といった厳密なルールはなく、パッと見て右肩上がりになっていれば合格という、おおざっぱな見方で十分です。**

　業績が横ばいだとしても、JT（2914）のように高い配当（配当利回り4.75％）ならよしとするときもあります。

　たばこはなかなか難しい立ち位置にありますが、その一方で、グローバル展開にも注力しているし、収益が下がったら値上げすれば、ある程度の収入は補填できるという見方もできます。

　たばこは値上がりしても吸う人が多いですから、そこまで大きな落ち込みはないのではないかと私自身は見ています。

## 📊 「自己資本」が伸びて「負債」が減っているのが理想的

なかには「減収増益」で、売上高はそれほど伸びていなくても、営業利益は伸びているという企業もあります。

これは原価を抑えたりプライベートブランドを展開したり、儲かっていない事業から撤退して、儲かる事業にシフトしたりといった企業努力がないと実現しませんから、ポジティブに評価します。

なお、とくに時価総額が低めの中小型株のほうが、一般的に株価が上昇する余地が多く残されていると考えられます。いま日本でいちばん時価総額が大きいのはトヨタ自動車（7203）で、59兆円にのぼりますが、ここから2倍、3倍に大きく成長するとは考えにくいです。

ところが時価総額が100億円から500億円の中小型株であれば、2倍、3倍に成長することは珍しくありません。

私の場合はポートフォリオ内でバランスをとっているので、「時価総額が高いから買わない」といったこともありませんが、そういった企業の時価総額の規模も、少し頭に入れておくといいですね。

基本的には、「配当利回り3.5％以上」の銘柄のなかで、「増収増益・増配」銘柄を絞り込んでいけばOKですが、余裕があれば、業績に関連するものとして**「有利子負債」**の項目もチェックしてみてください。

銘柄スカウターの場合、過去10年間の**「総資産」「自己資本」「有利子負債」「純有利子負債」**が一覧で示されます。

簡単に説明しておくと、総資産は会社が保有している**「資産の合計」**、自己資本は返済する必要がない**「純資産」**を指します。有利子負債は

企業が利息をつけて返さなければならない「**負債（借金）**」、純有利子負債は有利子負債からいますぐ有利子負債の返済に充てることができる企業の現預金を差し引いた「**本当の負債額（ネットデット）**」を指します。

　総資産が伸びていることを前提に、その内訳として自己資本が伸び、有利子負債と準有利子負債が減っていっている姿が理想的です。

　さらに余裕があれば、「**設備投資**」「**研究開発費**」もチェックします。たとえ急激に自己資本を減らした年度があったとしても、それが設備投資や研究開発に先行投資しているのであれば、将来への先行投資ですから、けっしてマイナス評価ではありません。

## ステップ2のチェック内容

配当利回り3.5％以上の銘柄から

●**業績＝増収しているか**

●**利益＝増益しているか**

●**配当＝増配しているか**

この3つで
絞り込み！

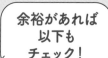

余裕があれば
以下も
チェック！

●**総資産・自己資本＝増えているか**

●**有利子負債・純有利子負債＝減っているか**

●**設備投資・研究開発費＝自己資本減は先行投資のためか**

## ステップ3 「PER × PBR ＝ 15倍超」の 割高銘柄を除外する

　次に、株価が割高な銘柄を除外します。古典的ではありますが、割安か割高かを判断するうえでは、「PER」と「PBR」が"王道の指標"です。そこでまずは「PER」と「PBR」について、ちゃんと踏まえておきましょう。

　PERは「Price Earnings Ratio（株価収益率）」の略で、「株価が1株当たり当期純利益の何倍になっているか」を示す指標です。

　当期純利益は、会社の年間利益から経費や税金を引いた金額（56ページ参照）で、その年度の最終的な利益です。当期純利益がプラスであれば黒字、マイナスであれば赤字。これを1株当たりで表したものが、「1株当たり当期純利益（EPS）」というものです。

　PERは、「株価÷EPS」の計算式で表されます。

　「株価1000円・EPS100円」の会社であれば、PER10倍です。これは、「株価1000円、EPSが100円の状態が10年続き、企業が利益の全額を株主に還元するとすれば、10年で投資資金が回収できる」ことを意味します（もちろん実際には株主に還元されるのは利益の一部に過ぎませんが）。「ややこしいな」と思った人は、**PERが低いほど「割安」**とだけ覚えておいてください。

　日本取引所グループが公表しているデータ（2024年3月時点）によると、**市場ごとのPERはプライム市場22.9倍、スタンダード市場17.5倍、グロース市場58.1倍**と市場ごとにかなり差があります。

## PERとは？

$$PER（株価収益率） = \frac{株価}{1株当たり当期純利益（EPS）}$$

**計算例**

| A社 | B社 |
|---|---|

$$15倍 = \frac{1500円}{100円} \qquad 12倍 = \frac{1200円}{100円}$$

1株あたり当期純利益(EPS)とは？
企業が1株あたり、どれくらいの純利益を生み出しているかを示す指標です。
「EPS＝当期純利益÷発行済み株式数」で求められます。

　なお現在の市場は2022年4月に再編されたもので、プライム市場は「グローバルな投資家との建設的な対話を中心に据えた企業向けの市場」、スタンダード市場は「公開された市場における投資対象として十分な流動性とガバナンス水準を備えた企業向けの市場」、そしてグロース市場は「高い成長可能性を有する企業向けの市場」というコンセプトからなります。

　要は、大企業はプライム、中小企業はグロースに多いということですね。グロース市場には今後の成長への期待で買われている銘柄が多い（現時点では大きな利益は出ていない）ので、期待感からPERの計

# 市場別PERとPBRは？

| 市場区分名 | 会社数 | PER(倍) | PBR(倍) |
|---|---|---|---|
| 東証プライム | 1357 | 22.9 | 1.9 |
| 東証スタンダード | 1367 | 17.5 | 1.0 |
| 東証グロース | 489 | 58.1 | 3.9 |

出典：日本取引所グループ2024年3月時点

算式の分子に当たる株価は高くなりがちである一方、分母にあたる「1株当たり純利益」は小さくなりがち。だから、グロース市場のPERは突出して高くなると言えるわけです。

　私は**「PER10倍以下であれば割安」**と判断しています。この際、「いま10倍」であっても、変動が激しく、10倍になったかと思えば、30倍にもなるような銘柄は「割安」とはいえません。安定的に10倍以下を保つ株が「割安」な銘柄です。

　成長株ではPER30倍、40倍もけっして珍しくありませんが、これは**将来の期待を織り込んだ数値**だからです。株価は投資家の"期待"を織り込んでいるので、期待通りにならなければガクンと下がります。投機性が高くなるので、基本的には手を出すものではありません。

# PBRとは?

$$PBR \text{(株価純資産倍率)} = \frac{株価}{1株当たり純資産\text{(BPS)}}$$

計算例

| A社 | B社 |
|---|---|
| $1倍 = \dfrac{1000円}{1000円}$ | $0.75倍 = \dfrac{750円}{1000円}$ |

1株当たり純資産(BPS)とは?
1株当たりの純資産額を表した指標です。過去と比較してBPSが高くなるほど純資産も多いとされるので、安定性が高いと評価されます。
「BPS＝純資産÷発行済み株式数」で求められます。

　次に、PBRは「Price Book-value Ratio（株価純資産倍率）」の略で、「株価が1株当たり純資産の何倍になっているか」を示す指標です。

　純資産とは、資産の総額から負債の額を引いた資産のこと。これを1株当たりで表したものが「1株当たり純資産（BPS）」であり、「純資産÷発行済み株式数」で計算されます。

　ある企業Aの純資産が1000億円、発行済み株式数が1億株だとすると、BPSは1000円となります。純資産が2000億円だとBPSは2000円ですね。つまり、BPSが大きいということは、純資産がたくさんあることにつながるため、会社の安定性を図る目安となります。

　ただし、純資産がまったく変化しなくても、「株式分割」などで発行済み株式数が変化することがあります。そこで、企業の「純資産」と比較して、株価が割安かどうかを判断するための指標として、投資家が活用しているのがPBRなのです。

　PBRは、「株価÷BPS」の計算式で表されます。前述の企業Aの株価が1000円であれば、「1000÷1000＝1」、つまりPBR1倍となります。

　2024年2月の市場別平均をみると、**プライム市場1.9倍、スタンダード市場1.0倍、グロース市場4.1倍**となっており、やはりグロース市場はPER同様に群を抜いて高いです。

　これも「ややこしいな」と思った人は、**PBR1倍未満で「割安」とだけ覚えておいてください。**

### 📊「PER × PBR ＝ 15倍以上」を除外する

　さて、少し説明が長くなってしまいましたが、「PER」と「PBR」について、理解していただけたでしょうか。**とにかく「PER10倍以下」「PBRが1倍以下」を割安株の目安とします。**

　配当利回りと増収増益・増配の推移をチェックしたら、さらにPERとPBRが割高な銘柄を除外していきます。具体的には、「PERが10倍より高い」「PBRが1倍より高い」株を除外していくわけです。

　こういうと、「PERは10倍より高いけれども、PBRは1倍以下の株も排除なのだろうか」といった疑問を抱かれるかもしれません。そうしたときは、**「PER×PBRが15倍以上」であれば割高だと判断して除外、15倍未満であれば除外しない**というやり方でもいいです。

なお、より精度の高い絞り込みをするには、業種ごとの平均的なPERやPBRも頭に入れておくといいです。

　日本取引所グループが毎月公表している規模別・業種別データによると、2024年3月のプライム市場全体のPERは平均18.3倍ですが、海運業2.5倍、電気・ガス業33.8倍と、業種ごとにかなり開きがあります。同様にプライム市場全体のPBRは平均1.4倍ですが、銀行業0.5倍、情報通信業2.5倍と、けっこう差があるのです。

　これがわかっていれば、**「このPBR（PER）は全体でみれば割安だけど、同業種のなかでは割安とはいえない」**ということも見えてきます。

　あと、余裕があれば、PERとPBR以外にも、「ROE」と「EV/EBITDA」もチェックしてみてください。

　PERやPBRは知っていても、ROEとEV/EBITDAにはなじみがないという人も多いかもしれませんから、ざっと説明しておきましょう。

　ROE（Return On Equity：自己資本利益率）とは、「当期純利益÷自己資本×100」で計算され、いかに会社が資本を効率よく活用し、利益をあげているかを示す指標です。

　たとえばA社とB社が同じく「当期純利益10億円」だとします。これだけみれば同じですが、A社は自己資本100億円、B社は自己資本200億円とすると、ROEはA社が10％、B社が5％。A社のほうが少ない資本で高い当期純利益をあげているわけですから、経営効率はA社のほうがいいわけです。

　**このROEは、効率性や収益性を示す指標として、投資家にとって重要な指標といえます。**

# 東証プライム市場の業種別PERとPBRは？

| 種別 | 会社数 | PER（倍） | PBR（倍） |
|---|---|---|---|
| 総合 | 1,642 | 18.3 | 1.4 |
| 総合（金融業を除く） | 1,527 | 18.9 | 1.5 |
| 製造業 | 715 | 20.4 | 1.4 |
| 非製造業 | 812 | 17.4 | 1.6 |
| 1 水産・農林業 | 6 | 13.1 | 1.1 |
| 2 鉱業 | 5 | 5.0 | 0.7 |
| 3 建設業 | 75 | 17.9 | 1.2 |
| 4 食料品 | 68 | 25.4 | 1.3 |
| 5 繊維製品 | 21 | 22.5 | 1.1 |
| 6 パルプ・紙 | 10 | 30.9 | 0.7 |
| 7 化学 | 123 | 18.0 | 1.2 |
| 8 医薬品 | 34 | 23.3 | 1.4 |
| 9 石油・石炭製品 | 6 | 10.2 | 1.0 |
| 10 ゴム製品 | 11 | 12.6 | 1.1 |
| 11 ガラス・土石製品 | 23 | 28.2 | 1.5 |
| 12 鉄鋼 | 22 | 9.3 | 0.8 |
| 13 非鉄金属 | 21 | 13.3 | 0.8 |
| 14 金属製品 | 29 | 20.5 | 0.8 |
| 15 機械 | 112 | 21.5 | 1.8 |
| 16 電気機器 | 130 | 23.7 | 2.0 |
| 17 輸送用機器 | 41 | 21.2 | 1.0 |
| 18 精密機器 | 27 | 22.2 | 1.9 |
| 19 その他製品 | 37 | 16.5 | 1.5 |
| 20 電気・ガス業 | 21 | 33.8 | 0.8 |
| 21 陸運業 | 39 | 16.9 | 1.2 |
| 22 海運業 | 5 | 2.5 | 0.9 |
| 23 空運業 | 2 | 23.3 | 1.6 |
| 24 倉庫・運輸関連業 | 13 | 10.6 | 1.0 |
| 25 情報・通信業 | 181 | 26.8 | 2.5 |
| 26 卸売業 | 125 | 12.1 | 1.2 |
| 27 小売業 | 135 | 25.9 | 2.0 |
| 28 銀行業 | 67 | 9.6 | 0.5 |
| 29 証券、商品先物取引業 | 19 | 17.3 | 1.1 |
| 30 保険業 | 9 | 39.6 | 1.6 |
| 31 その他金融業 | 20 | 13.1 | 1.1 |
| 32 不動産業 | 50 | 14.8 | 1.7 |
| 33 サービス業 | 155 | 18.8 | 2.1 |

出典：日本取引所グループ 2024 年 3 月時点

# ROEとEV/EBITDAとは?

$$\text{ROE}_{（自己資本利益率）} = \frac{\text{当期純利益}}{\text{自己資本}} \times 100$$

計算例

| A社 | B社 |
|---|---|

$$\text{ROE}\ 10\% = \frac{100万円}{1000万円} \times 100$$

$$\text{ROE}\ 30\% = \frac{300万円}{1000万円} \times 100$$

## PER・PBR・ROEと株価の関係

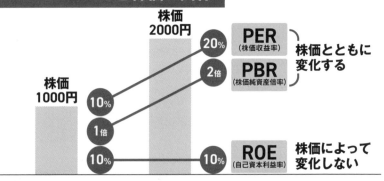

株価 2000円

20% **PER** (株価収益率)
2倍 **PBR** (株価純資産倍率)

株価とともに
変化する

株価 1000円

10%
1倍

10%　　　10% **ROE** (自己資本利益率)

株価によって
変化しない

## EV/EBITDA

ある企業を買収した場合、およそ何年間で
買収コストを回収できるか測定する指標

（簡易買収倍率）

かんちの目安

$$\frac{\text{EV}}{\text{EBITDA}} = \frac{\overset{株価×発行済株式数}{時価総額（円）} + \overset{有利子負債 - 現金及び預金}{ネット有利子負債（円）}}{営業利益（円） + 減価償却費（円）}$$

## 10倍以下

次にEV/EBITDAです。EV（Enterprise Value：企業価値）は、将来企業が生み出すフリーキャッシュフロー（企業が自由に使うことができる現金）を割り引いた現在の価値を示します。

**要は、企業を買収する際に必要な金額として活用されています。**

EBITDA（Earnings Before Interest Taxes Depreciation and Amortization：利払い前・税引き前・償却前損益）は、税引前利益に支払利息・減価償却費を加えて算出され、利益の何倍になっているかを表す指標です。国際的な企業の収益力を比較する際などに使われ、ソフトバンクグループの孫正義会長兼社長も、本業の稼ぐ力を示す経営指標として重視しています。

**要するにEV/EBITDAは、「A社をいまの時価総額で買収した場合、何年で元がとれるか」を示すもので、「簡易買収倍率」とも呼ばれます。**

もともとEBITDAはグローバル企業を国際比較する際に使われる指標ですが、EV/EBITDAもやはり世界的な株価比較の尺度として活用されています。

EV（企業価値）がEBITDA（利払い・税引き・償却前利益）の何倍に相当するかを示す「EV/EBITDA倍率」は日経平均が7〜8倍程度、米国のS&P500は15倍程度といわれます。

**EV/EBITDAも安ければ安いほどいいですが、私は10倍以下であれば割安だと考えます。** 10年で元がとれるということですから。

# ステップ 4 一時的な要因で 株価が上がった銘柄を除外する

　業績をチェックしていると、「この年だけ、やけに業績がいい」という銘柄もあります。しかし、よく見てみると、それは従業員を解雇してコスト削減したり、資産を売却して一時的な売り上げがあったりということがあるのです。

　そうした年は、本質的に「業績が上がった」とはいえません。一時的な押し上げ要因を排除してもなお好業績の銘柄は残りますが、**「一見右肩上がりのようでも、実際はマイナス」**となっている銘柄は除外することが求められます。

　これは、逆もしかりです。特定の時期に支出が膨らみ、利益を圧迫していたとしても、それが研究開発や設備投資など先行投資のための一過性のものであれば、それを差し引いて考えるべきでしょう。

　わかりやすいのが、保有する土地や株を売却して得た利益です。これらは、その年限りの一過性の利益なわけです。この点は決算書や適時開示でもわかりますが、もっとも簡単なのは『会社四季報』の利益欄をチェックすることです。

　ある年だけ利益が増えているのに、その翌年には利益が減る。こんな動きがあれば、一過性の利益がかさ増しされていると見たほうがいいでしょう。

厳選した銘柄を
株価が下がったところで買う

最後に重要なのが、「その株はいま安値圏にあるか」のチェックです。

配当利回りは、自分が買った時点の株価に対する配当額で計算され
ますから（53ページ参照）、1株当たりの配当額が同じなら、購入株価
が安いほど配当利回りが高まるわけです。**それだけ「買うタイミング
が重要！」だということを忘れてはなりません。**

経験上、どんな株も年に1〜2回は大きく値を下げるタイミング（調
整局面）があります。暴落時に株価が下がるのは当然として、株価が
上昇していくなかでも、いったん調整が入るタイミングがあるのです。

狙っている銘柄を買うタイミングとしていちばん好ましいのは、「**公
募増資**」（**株を発行して資金調達する一般的な方法**）が行われるときで
す。公募増資は、企業が新たに株式を発行する際、一般の投資家から
株主を募って増資する方法です。

企業にとってみれば、公募増資により調達したお金は、銀行からの
借り入れと違って返済義務がありません。そのため、リスクが高い、あ
るいは長期的な事業への投資にあてやすいといえます。

また、公募増資をすることにより、財務指標が改善します。財務指
標が改善すれば、会社の信用度は上がります。さらに、株式数が増加
するため、市場での株の流動性が高まります。出来高が増えることで、
株価が上昇するかもしれないのです。

しかし、公募増資にはデメリットもあります。いちばんのデメリットは、「株式の希薄化」です。

株式を新規発行したところで、企業の利益が増えるわけではありません。つまり、株式を新規発行すればするほど、1株当たりの当期純利益は減少するわけです。これはつまり、既存株主（すでに株を保有している人）にとっては、「配当金の減少」を意味します。

そのため、公募増資が発表されると、株価が下落するケースが一般的なのです。しかし、公募増資は企業がしっかり将来を見通したうえで実施するものであり、今後業績を伸ばしていくための大きなポイントです。**そう考えると、ゆくゆく業績が上がることがわかっていて、瞬間的に株価が下がるタイミングとなるわけですから、結果として公募増資時は"絶好の買いチャンス"なのです。**

もちろん公募増資はそう頻繁に実施されるものではないので、「公募増資が発表されるまで買わないで待っておけ！」と言いたいわけではありません。あくまで、たとえば公募増資が発表されるときのように、株価が下落するタイミングを狙うべきだという話です。

こういう買い方をしていると、目をつけてから株価が上がりすぎて買えなくなってしまった株も出てきます。でも、それは結果論にすぎません。結果的に「あのとき買っておけばよかった」となっても、そのときにいつも買っていては、「買うんじゃなかった」と後悔する事態が訪れると思います。

このように、「いかに安く買うか」を徹底して守れば、まず市場から強制退場させられるようなことはありません。

### 📊 同じ値動きをする株は買わない

　——以上、5つのステップを守って高配当株を買えば、その後、頻繁な売買をせず、ほったらかしていたとしても、資産は堅実に増えていくことが期待できます。

　資産規模にもよりますが、ある程度の資産規模になってくれば100銘柄くらいの"超"分散投資をしてもいいと思います。

　なお、分散投資をするにあたっては、基本的に同じ値動きをする銘柄は買わないことが大切です。A社株の調子がよさそうだからといって、A社の子会社であるB社株を買うというのは、リスクヘッジの観点からは分散投資をしているとはいえません。

　それを踏まえたうえで、100銘柄くらいに資産を分散していると、何か特定の業種で大きく株価を下げる事態が発生したとしても、ほかの業種がカバーしてくれるので、そう悪いことにはならないのです。

## 銘柄分析マニアにならなくてもいい

　5つのステップをきちんと説明しようとすると、これだけの文字数になりましたが、実際にやってみると、そんなに時間がかからないことが、わかってもらえると思います。

　私はこの作業に慣れていることもありますが、1銘柄につき5〜10分で終わらせます。そして、そこで「いい」と思えば、買ってしまう

のです。「気になった企業のホームページに飛んで事業内容を精査してIR資料を読み込んで……」といったことはしません。

　このステップを踏んで、最終的に残る銘柄はそれほど多くはありません。体感的にはステップ1で「配当利回り3.5％」の基準をクリアした銘柄のうち、**最終的に購入候補として残るのは3割くらい**でしょうか。厳選して残った株から買えば、ほとんど間違いはありません。

　この手法は投資初心者にとっても、かなりとっつきやすいはずです。

　私の手法だと「親会社の株は買わないけれど、子会社の株は買う」なんてこともあります。

　そう言うと銘柄分析が得意な投資家仲間からは、「それは『Nintendo Switch』の本体を買わずに、コントローラーだけ買うようなものだよ」と批判されることもありますが、私はどれだけ優秀な本体でも、配当をくれないなら買わないのです。

　**5つのステップでは、業界の流行り・廃りや会社の強み・弱みを深く調べなくてもよければ、決算書も深く読み込まなくてもいい。基本的には売買せずに"握りっぱなし"。すごくわかりやすいですよね。**

### 📊 "超"分散投資のよいところ

　もちろん正直にいえば、銘柄分析をしていない分、1つひとつの判断の精度は、精査している人に比べて落ちるところは否めません。

　保有銘柄の多くは、買ったときから株価が上がっていますが、下がっているものもあります。買ってみたはいいものの、非上場化や経営破綻した企業もあります。

　それでも、１つひとつを精査したからといって、保有銘柄すべての
株価が上がるわけではないですし、600銘柄も分散投資していると、ポ
ートフォリオでの保有割合が１％を超える銘柄もそうはありません。

　つまり、たとえ経営破綻が発表されたとしても、ほかの銘柄の値動
きでカバーされるくらいの話なので、そこまで大きな痛手ではないの
です。それが"超"分散投資のよい面でもあります。

　**ある程度の割合で含み損を抱えることは、仕方のないこと。そう腹
を括ってしまえば、気分もラクです。**

　「銘柄研究が趣味のように楽しい」というような人をとがめる気はま
ったくありませんが、仕事が忙しくて、投資に時間を割けない人も多
いと思います。

　**日ごろは仕事に集中し、それほど投資に注力しなくても資産を増や
せる。これが私のやり方の強みだと思っています。**

　だからこそ私も、専業投資家とはいえ、平日の相場が開いている時
間帯は、スポーツジムに行って汗を流せているのです。投資初心者に
とっても、明確な判断指標があり、忙しくても問題なく投資できるこ
の手法は、とてもメリットが大きいと思います。**高配当株を見つける
5つのステップ自体も、頻繁にやる必要はありません。**

　そもそも業績はもちろん、PERもPBRもそう急激に動くものではな
いですから。もし、いまこの本を読んでくれているあなたが仕事に追
われているような状態にあったとしても、ひと月に1回くらい確認す
れば問題ありません。

　そのかわり、安値圏で買うことは徹底して欲しいと思います。

## まずは買ってみて、徐々に買い増していく

　5つのステップで購入する銘柄を絞り込みますが、**「何を買い増していくか」**については、銘柄を選択するときほどのはっきりとしたステップはありません。「主力株にしよう」と思って買い増す株もあれば、割安だから買い増していった結果、主力株になる銘柄もあります。

　2024年1月段階での私の主力株は、20銘柄です。といっても"超"分散投資しているので、1銘柄3000株も保有していれば、主力株に入ってきます。いちばん多くても1万5000株程度です。

　**準主力株としては100銘柄ほど保有しています。投入資金からすると主力株は500万円以上、準主力株は150万円〜500万円が基準です。**

　なお、基本は"握りっぱなし"とはいえ、業界のトレンドをみて「この業界は今後厳しいな」とか「株価が異常に上がりすぎだな」と思った場合には売却してしまい、主力株ではなくなることもあります（主力株と準主力株のリストは、本書巻頭をご参照ください）。

　私の主力株の1つであるイエローハット（9882）は、1株400円台で買い、その後600円台で買い増し、1700円台でも買い増しました。

　2024年4月現在、株価は2000円を超えていますが、1700円で買った分については、それほど含み益があるわけではありません。しかし、配当も優待もいいですから、十分に元はとれます。

# イエローハットの配当金推移

| 年 | 1株当たりの配当金　中間　期末 | |
|---|---|---|
| 2024年3月期<br>(予想) | 33円 | 33円 | 66円 |
| 2023年3月期 | 31円 | 31円 | 62円 |
| 2022年3月期 | 29円 | 29円 | 58円 |
| 2021年3月期 | 26円 | 28円 | 54円 |
| 2020年3月期 | 20円 | 26円 | 46円 |
| 2019年3月期 | 36円 | 36円 | 72円 |
| 2018年3月期 | 33円 | 33円 | 66円 |
| 2017年3月期 | 30円 | 30円 | 60円 |
| 2016年3月期 | 26円 | 28円 | 54円 |
| 2015年3月期 | 22円 | 24円 | 46円 |
| 2014年3月期 | 18円 | 22円 | 40円 |

# イエローハットの株主優待 （イエローハットHPより）

| 最低必要株式数 | 100株 |
|---|---|
| 割当基準月 | 3月・9月 |
| 種類 | 割引券・商品引換券 |
| 優待内容 | 全国の「イエローハット」「2りんかん」「バイク館」の各店舗及び「イエローハット車検センター」で利用できる『お買物割引券(300円割引券)』と、全国の「イエローハット」店舗で「油膜取りウォッシャー液2.5L1本」と引き換えができる『商品引換券』 |
| 100株以上1000株未満 | 割引券10枚( 3000円分) ＋商品引換券1枚 |
| 1000株以上3000株未満 | 割引券25枚( 7500円分) ＋商品引換券1枚 |
| 3000株以上5000株未満 | 割引券40枚(1万2000円分) ＋商品引換券1枚 |
| 5000株以上 | 割引券50枚(1万5000円分) ＋商品引換券1枚 |

車好きの私にはもってこいの優待株です！

## 📊 悪材料が出て値下がりしたときに買う

　どの銘柄も、まったくゼロの状態から、いきなり主力株にすることはありません。やはり、まずは買ってみて、「やっぱりいいな」と思ったらもう少し買い増して、段階を踏んで準主力株に育てる。そこから、さらに買い増して、主力株に育てていくのです。

　たとえ5つのステップで「これはいい！」と思った銘柄でも、そのときには見えていなかった欠点が見つかるかもしれませんし、振り返れば、購入時に少々高値づかみしてしまったということもあります。

　もちろん買い増す過程で株価が上がってしまうことはありますが、結果的に徐々に買い増ししたほうが、無理なく安全に資産を形成できます。


　株価が上がる好材料としては、「業績の上方修正」「増配（復配）」「新製品・サービスの発表」などがありますが、**私は逆張りなので、悪材料が出ているときに買うケースが多いです。**

　ただし、**「悪材料は一過性であること」**を見極めることが前提です。一過性の悪材料であれば、いったん下落した株価は戻る可能性が高いので"買い"ですが、一過性ではない悪材料ならば、株価が戻るまで相当の年月を要するか、戻らない可能性もあるので、株価が下落して割安になったからといって買うべきではありません。

　一過性ではない悪材料には、「業績の下方修正」「減配」「新製品・サービスの失敗」などがありますが、購入は見送るほうが無難でしょう。一方、**「公募増資」「社員の横領」「社長の不祥事」などは一過性の悪材料であることが多いですから、私は"買い"のチャンスと見ます。**

# 保有銘柄一覧表を プリントアウトして活用

　私は現在600銘柄ほどを保有していますが、日本の上場企業は約3900社ですから、その7分の1以上の銘柄を保有していることになります。その銘柄すべてをつぶさにチェックすることはありません。

　仮に1社3分でチェックしたとしても600銘柄で1800分。30時間もかかりますから、専業投資家で時間はあるとはいえ、とてもやる気にならないのです。

　チェックする株は、やはり資金を多く投入している主力株が中心になります。自分の保有株を時価総額順に並べて、上位のものを確認することにしています。

　**チェックするのは、まず現在の「配当利回り」と「株価」**。配当利回りが落ちていないか、売買しないとはいえ急に株価が上下動していないかを確認します。大きな変化がなければよし、あるようならば、そこで原因を調べます。

　その原因は、「業績」「配当」「優待」の変化など明確なこともあれば、いまひとつ理由がわからないこともあります。たいていの場合、XやYahoo!ファイナンス掲示板を覗いてみると、その原因と思しきことを誰かが書いているので、それを参考にします。

　**ただし、うのみはせず、必ず自分で1次情報にあたります。**

これから買い増そうかと思っている保有株についてもチェックします。買い増すのは、ほとんどが高配当株です。優待株は、先ほど触れたイエローハット株のように、保有株数によって優待内容がよくなる銘柄もありますが、基本的には最低単元持っていれば十分です。

業界のトレンドや会社の業績を見て、「これはもっと買い増したほうがいい」と判断したり、ポートフォリオの全体的なバランスから見て、「この株は買い足してもいいかな」と判断したり。

**全体として、どこかの銘柄だけに注力した危険度の高いものではなく、バランスのいいポートフォリオにするように意識しています。**

## 📊「適時開示」をチェックする

そのほかによくチェックするのは「**適時開示**」ですね。適時開示は、上場企業に義務づけられた重要な会社情報の開示を指します。毎日のように、どこかの企業が、何かしらの適時開示をしています。

情報源は、東京証券取引所の適時開示情報伝達システム「**TDnet**」（https://www.release.tdnet.info/inbs/I_main_00.html）です。

**適時開示のなかでもチェックするのは、保有銘柄の「配当・優待」に関するお知らせです。** 定期的に確認していますが、抜け漏れがないよう、「配当」「優待」と検索をかけて調べてみるときもあります。

また、証券会社の口座でチェックするのとは別に、自分でリストアップしている「保有株一覧表」をわざわざ紙にプリントアウトして使っています。

頻繁に売買しているわけではなく、一覧表の内容が頻繁に入れ替わ

# 適時開示情報伝達システム「TDnet」をチェック！

(https://www.release.tdnet.info/inbs/I_main_00.html)

**TDnet** 適時開示情報閲覧サービス
Company Announcements Disclosure Service

| 開示情報検索 | 検索期間 | 2024/02/04(日) ～ 2024/02/23(金) | キーワード検索 | 配当 |

**497件** の結果が見つかりました。

| 時刻 | コード | 会社名 | 表題 |
|---|---|---|---|
| 2024/02/22 19:40 | 33190 | GDO | 剰余金の配当（無配）に関するお知らせ |
| 2024/02/22 17:00 | 34860 | グローバルリンクM | 剰余金の配当に関するお知らせ |
| 2024/02/22 17:00 | 54760 | 鬼怒川 | 連結子会社からの配当金受領に関するお知らせ |
| 2024/02/22 17:00 | 59570 | 日東精工 | 剰余金の配当に関するお知らせ |
| 2024/02/22 17:00 | 68170 | スミダ | 剰余金の配当(期末配当)に関するお知らせ |
| 2024/02/22 16:50 | 65240 | 湖北工業 | 剰余金の配当に関するお知らせ |
| 2024/02/22 16:30 | 50380 | G－eWeLL | 剰余金の配当に関するお知らせ |
| 2024/02/22 16:30 | 78650 | ピープル | 業績予想及び配当予想の修正に関するお知らせ |
| 2024/02/22 16:00 | 38420 | G－ネクストジェン | 2024年3月期通期連結業績予想の上方修正及び配当予想の修正(増配)に関するお知らせ |
| 2024/02/22 16:00 | 66330 | C&GSYS | 剰余金の配当に関するお知らせ |
| 2024/02/22 16:00 | 74600 | ヤギ | 配当予想の修正（130周年記念配当）に関するお知らせ |
| 2024/02/22 16:00 | 74770 | ムラキ | 業績予想および配当予想の修正に関するお知らせ |
| 2024/02/22 15:30 | 36230 | G－BS | 剰余金の配当に関するお知らせ |

**出典：東京証券取引所**

るわけでもないので、いちいちパソコンを立ち上げて保有銘柄一覧まで飛んで……といった手順を踏むより、手元に紙を置いて見ながら活用したほうが便利なんですよね。

　たとえば優待が欲しくて株を買おうとしたところ、その一覧表を見て「あ、この銘柄はもう持っていたな」と忘れていたことを思い出すこともありますし、デスクトップPCを置いている書斎ではなく、リビングの広いテーブルで『会社四季報』と保有株を突き合わせようとするときなどにも、紙の一覧表のほうが使い勝手がよいのです。

# 3代続く個人投資家

　私が株を始めたのは、親父だけでなく、祖母の影響も強く受けています。**祖母は「現金より株」をモットーにしている人でした。**私は20歳から祖母と同居しましたが、祖母は大型の高配当株を買っていて、年金に加えて、保有株の配当金収入を得て生活していたのです。

　祖母が株を始めたのは、戦前の話です。買っていたのは、鉄や繊維、電力や鉄道など、国家をつくるうえで欠かせない基幹産業の株でした。ただ祖母は、大きな失敗も経験しました。それは**南満州鉄道（満鉄）株**です。

　日本は1905年、日露戦争に勝利。満鉄はその後に米国の仲介で締結された講和条約（ポーツマス条約）に基づき、ロシアが経営していた東清鉄道南満州支線（長春～旅順間）が日本に譲渡されたことで1906年に誕生した"半官半民の国策会社"でした。

　第1回の株式募集では、募集株式10万株（2000万円）に対し、総申込株数は1億664万株に達し、申込者数は1万人を超えたそうです。いかに当時の人が満鉄に期待を寄せていたかがわかります。

## 紙くずになった株券

　当時、祖母は証券会社の人から「絶対に儲かる」と言われ、けっこうな金額をつぎ込んだそうです。

満鉄は、当時の日本の国家予算の半分もの資本金を融資され、順調に成長を遂げました。

ところが、第2次世界大戦の敗戦によって満州国が消滅し、満鉄の経営権は連合国にとり上げられてしまいました。そして、満鉄の株券は、**"ただの紙くず"**と化したのです。祖母からは、この投資の失敗話をよく聞かされたものです。

日本が負けることも、満鉄がなくなることも、まったく想像したことはなかったと、祖母は言っていました。多くの国民が期待を寄せた株でも、一瞬にして無価値なものになるのです。

強烈な体験ではありますが、ただそれでも鉄鋼株や繊維株に分散投資していたことで、最悪の事態は免れた祖母は、株式投資をやめることはありませんでした。

## 大企業でさえ潰れることがある

そんな祖母を母に持つ親父も、若いころから株をやっていました。親父も鉄鋼株など"硬め"な銘柄が好きでしたね。

親父は日本航空（JAL）株を持っていましたが、2010年の経営破綻でダメージをくらいました。私も同じくJAL株を持っていましたが、満鉄と同じで、まさか国を代表する天下のJALが経営破綻に追い込まれるとは思っていませんでした。

その前にも、1997年の北海道拓殖銀行と山一證券の経営破綻に驚きましたし、やはり少し損をしました。

**そうした大企業が潰れることはそうそうないとはいえ、可能性はゼロではありません。**

潰れはしなくても、株価を大きく下げることもあります。東日本大震災後には、東京電力株が急落しましたよね。

バブル期には1株9000円を超え、バブル崩壊後は大きく値を下げたとはいえ1株2000〜3000円台は保っていました。

それが東日本大震災後、福島第1原発の事故で事態悪化が懸念されて株価が急落、一時は100円台まで落ち込んだのです。

## "筋金入り"の投資家系

あれから10年以上経ち、いまではだいぶ株価が持ち直してきましたが、東京電力株はようやく1000円を超えたくらいです（2024年4月時点）。東京電力株を持っていた多くの投資家は、「景気変動に左右されにくい電力株は、急激な株価の上昇はなくてもリスクは低いし、配当もくれる」といった思いから保有していたと思います。

それでも事態が急変し、10年以上も後を引くことがあるのですから、**「絶対に安全なもの」なんて何もない**のです。

話を家族に戻すと、わが家は新聞が届くと真っ先に株価欄に目を通すような家族でした。私は3代続く個人投資家というわけです。"筋金入り"というやつですね。

私が親父から投資の本質を学んだように、私も2人の子どもたちに株の手ほどきをしてみたいとは思っているものの、いまのところ株には興味がないみたいです……。

# 10万円から始める「自分年金」資産1億円への道

このPART2では、まだ投資の種銭に余裕のないエントリー層が、将来的に**資産１億円を築くまでのステップ**を資産ステージごとに手ほどきしたいと思います。

　私自身、パチンコで小遣いを稼ぎつつ、消防士時代の安月給から投資の種銭を捻出し、資産8億円を築いてきましたが、私自身のことも振り返りつつ、指南させていただきたいと思います。

## 資産10万〜100万円 まずは投資より節約するほうが効果的

　このステージでいちばん大切なのは、意外に思われるかもしれませんが、**投資よりも「節約」**です。

　種銭10万円を1銘柄に集中投資したとして、その株が運よくテンバガー（10倍株）に育ったところで100万円にしかなりません。しかし、種銭100万円であれば、同じ条件でも1000万円になります。

　私はテンバガーになる株を発掘したいわけではないので、これは単なるたとえですが、投資は**「いくら入金できるか」**が、とても大事なのです。

　医者や弁護士、外資系のエリートなどのように高収入で入金力があり、一度に多額の投資ができる人であれば種銭の問題はないのですが、そういう人は少数派です。とくに若い人や子育て世代は、なかなか投資に回せる余裕資金は多くないでしょう。

いずれにしても投資で資産を増やすためには、**年100万円を投資に回すことを目指しましょう。**

会社員や公務員であれば月5万円、年2回のボーナスで1回20万円を種銭にすれば、年100万円を投資に回すことができます。若い人や子育て世代にとっては、なかなかハードルが高いかもしれませんが、けっして不可能な金額ではないと思います。

金融庁のホームページにある資産運用シミュレーション（https://www.fsa.go.jp/policy/nisa2/moneyplan_sim/、次ページ参照）では、「毎月の積立金額」「想定利回り（年率）」「積立期間（年）」の3要素を入力すると、積立期間終了時にいくらになっているかの「最終積立金額」が自動計算されます。

残念ながら、給与とボーナスを分けて入力することはできないので、**「毎月の積立金額8万円（年額96万円）」「想定利回り8％」「積立期間30年」**をベースにシミュレーションをしてみます。

そうすると、最終積立金額は**「1億1922万8756円」**。年額96万円は小さな額ではありませんが、もし30年間現金のまま持っていたならば「2880万円」にしかなりません。銀行預金をしたとしても、現行の利率（三井住友銀行・定期預金金利0.002％・スーパー定期4年：2024年4月時点）では、そう変わりません。

利回り8％というのは、きちんと銘柄を選べば、十分に実現可能な水準です。

**年額100万円を貯金できる人であれば、30年あれば資産1億円の達成は十分可能だと思います。**

# 資産運用シュミレーションで最終積立額をチェック!

## ● 資産運用シミュレーション

**【免責事項】**

・本シミュレーション結果は、ご入力いただいた項目に基づき算出した概算値です。手数料、税金等は考慮しておらず、実際値とは異なる場合があります。

・本シミュレーションのいかなる内容も、将来の運用成果を予測し、保証するものではありません。

・本シミュレーションは、特定の金融商品の取引を推奨し、勧誘するものではありません。

・情報の正確性には万全を期しておりますが、その内容の正確性、完全性、信頼性等を保証するものではありません。

・本シミュレーションの内容については、予告なく変更される場合があります。

・本シミュレーション及び掲載された情報を利用することで生じるいかなる損害（直接的、間接的を問わず）についても、当庁は一切の責任を負うものではありません。実際の資産運用や投資判断に当たっては、必ずご自身の責任において最終的に判断してください。

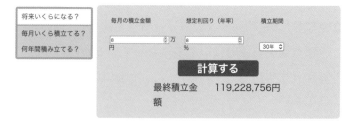

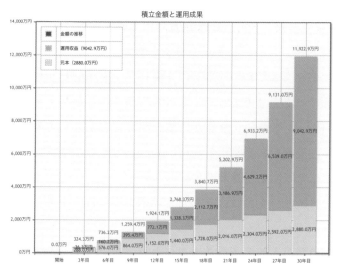

積立金額と運用成果

出典：金融庁「資産運用シミュレーション」

しかも、若いときに年100万円を貯金できる人であれば、きっと年齢に応じて収入が増え、入金力は高まっていくはず。そうなれば、もっと短いスパンで資産1億円に手が届くはずです。

毎月5万円・ボーナス時20万円を投資に回せないのであれば、毎月1万円ずつでも、まずは投資を始めることが大事です。しかし、**少なくとも給料の2割は投資に回せるように頑張ってみて欲しいです。**

月給20万円なら4万円、30万円なら6万円。重要なのは、**給料が入ったら、まずは投資にお金を回すこと。**通常、若ければ若いほど給与は少ないですから、「飲み食いして余った分を投資に回そう」と思っても残らないですからね。

### 📈 好きなことの上位2〜3を除いて節約

若いうちは自己投資をして、「稼ぐ力」を高めることも大切でしょうから、株式投資のために節約するといっても、「自分の好きなことを全部やめる」必要もないと思います。そんな節約、私もできません。

私が思う無理のない節約は、**「自分が本当に好きなこと第1位はやめなくていい。でも、それ以外のお金のかかることはやめる」**というもの。いちばん好きなことまでやめるというのは、心まで貧しくなってきますし、なんのために生きているのか見失ってしまうことにもなりかねません。

愛煙家に**「タバコをやめなさい！ 1箱500円のタバコを毎日吸うのをやめれば、毎月1万5000円を節約できる。そのお金を投資に回しなさい」**なんて正論をぶつけても、たぶん実践できないでしょう。

でも、それでいいんだと思います。

他人からみれば、「タバコなんて健康にも悪いし、"税金の塊"みたいなものだから、いちばんのムダでしょ」と思われるかもしれませんが、人生から楽しみを奪ってしまうのはどうかと思うんです。

自分がいちばん好きなことがタバコなのであれば、その節約はあきらめて、ほかのところを削ればいいんです。

「年100万円を投資に回す」と決め、投資を始めてから10年もすれば、元手だけで1000万円。高配当株に投資していれば、配当金の再投資を含めて、複利の効果で1500万円近くにはなっているはずです。

## 📈 住宅ローンを組むならフルで借りて投資に回す

ローンでの買い物はなるべくしないのも、お金を増やすうえでの鉄則です。自動車ローンや日々の買い物の分割払いやリボルビング払い（リボ払い）、それに必要以上の保険の出費も同じです。とりわけ若いうちは、なるべく多くの資金を投資に回すことを徹底してください。

それでも、「どうしてもローンを組んでマイホームが欲しい」という人は、まず当初想定した予算の500万〜1000万円ほどは値段を下げて、探し始めることをオススメします。住宅を買うとなると結局、「あれも欲しい」「これも欲しい」となってしまい、どうしても予算が膨らんでしまいがち。想定していた予算で収まることはまずありません。

そのうえで銀行からローンを借りるとしたら、私なら「変動金利」にします。住宅ローンを組む場合、借りたお金には当然ながら利子がつきますが、その利子は「固定金利」「変動金利」と大きく2つに分か

れます。

　固定金利のメリットは、その名の通り、金利が固定されて上がらないこと。仮に今後インフレが進んで、どれだけ金利が上がったとしても、いったん固定金利を契約しておけば、金利は変わりません。

　一方、変動金利のメリットは、現時点で固定金利よりもはるかに安い点です。もちろん変動金利の場合、「今後このままインフレが進むと、そのうち固定金利を上回るかもしれない」という懸念を、ローンを返し終わるまで抱えることになります。2024年3月には、日銀がマイナス金利政策の解除を発表しました。昨今、大手銀行が固定金利の値上げを発表し始めていることも事実です。

　このような状況下で、変動金利が固定金利を上回るには、今後5～6回は利上げする必要があるでしょう。そこまでずっと経済が上向きな状態が続いているとは考えにくいですし、少なくとも5年くらいの短いスパンでは、なかなか実現しないと思われます。

　**今後、変動金利が固定金利を超えたとしても、もし固定金利にしていれば回せなかったお金まで投資に回し、しっかり投資をしているわけですから、その分、お金が貯まっているはずです。**

　また、頭金を入れる必要はありません。頭金を入れるくらいなら、そのお金を投資に回したほうがお得だからです。たとえば、auじぶん銀行の住宅ローン変動金利は0.319％（2024年4月時点）。一方、高配当株は3.5％とか4％以上あるわけですから、どう考えたって株を買ったほうがお金は貯まります。

それなりに投資で成功している人は、頭金を払わずにフルで住宅ローンを借り入れ、得られた資金を投資に回して、住宅ローンを返済しながら投資でお金を増やしている人もいます。

さて、このステージでどんな株が買えるのか。最低単元100株を10万円で買おうとすると、1株1000円以下の銘柄しか買えません。

1株1000円以下の銘柄もけっして少なくありませんが、株価が安いのは、安いなりの理由があります。

もちろん投資家が買いやすいように、分割を繰り返した結果、安くなっている株もあるので、「株価1000円以下≒悪い」わけではありませんが、全体的に株価が上がっているなかで、1000円以下で安定して配当が望める銘柄となると、そう多くはありません。

また、単価が安い株をたくさん買うと、もちろん株価が上がれば大きな利益になりますが、そう思って買った株ほど、予想に反して下がるものです。

また、株価が安いままグズついて、いつまで経っても値が上向かない株もたくさんあります。いずれにしてもリスクの低い投資をするのであれば、まずは100万円まで貯めることを考えるのが先決です。

## ステージ 2 資産100万〜1000万円 一気に増やそうとせず、あくまで分散投資

このステージでも、節約しつつ収入をできるだけ投資に回して、配当金を再投資しながら、コツコツと資産を増やしていきます。

もし毎年100万円を投資に回せるのであれば、元手だけでも10年あれば1000万円が貯まります。しかも、高配当株投資ならば配当金も入りますし、労働所得も増えることで、入金力が少しずつ高まっていくことも考えられます。

**初年度から100万円を投資に回せる人であれば、私の経験からすると7〜8年もあれば無理なく1000万円は貯まると思います。**

お金に余裕がないからこそ、急激な値上がりを期待して成長（グロース）株に手を出したくなる気持ちはわかりますが、それは得策ではありません。

私の周りにも、資産が少ないときに成長株に手を出したものの、株価が下がり、含み損を抱えて売るに売れず、ずっと塩漬けしている人もいます。そういうふうになってしまうと、せっかく投資をしたのに資産は増えないままになりかねないのです。

**やはり私としては可能な限り、分散投資しておくことをオススメしたいです。** 種銭が100万円あれば、1株3000円くらいの銘柄も3つは買えます。株価がそれぞれ3000円、3000円、4000円くらいの株を100株ずつ買えば、ちょうど100万円です。

そう考えれば、けっこう選択肢が広がりますよね。次のPART3（107ページ参照）で紹介する高配当株のなかから、3銘柄を選んでみてもいいかもしれません。

繰り返しますが、株は分散投資が基本です。リスク分散することで、たとえ1つの銘柄が下がったとしても、ほかの銘柄が上がり、ポート

フォリオも自分の精神状態も保てます。最初に買った唯一の株の株価が下がっていってしまったら、投資自体をイヤになってしまうかもしれませんからね。

 ## 資産1000万〜3000万円
## 配当金だけで毎年1銘柄増やす

資産を貯めるうえでは、1000万円が1つの山だと思います。

「お金を貯めよう」と決意してから1億円までの道のりのなかで、「給料が増えない」「子育てにお金がかかる」など、1000万円を貯めるまでがいちばん遠いと感じるかもしれません。

私のような安定的な投資手法をとっている投資家にありがちなのは、最初はどうしても資産が増える速度が遅いので、**「もっと効率のいいやり方があるんじゃないか」**と、ほかの手法に手を出し、失敗してまた元のやり方に戻ってくるというパターンです。

株価があまり上昇せず、「こんなのは思っていた投資じゃない」と感じることもあるかもしれません。

試行錯誤することが悪いとはいいませんが、いろいろな個人投資家の投資手法を見てきたうえでも思うのですが、**私のようなやり方がいちばん安全に貯まりますから、あまり急ぎすぎず、自分を信じて欲しいと思います**。

資産1000万円ともなると、このころには節約の仕方も板についてきているでしょうし、入金力も徐々に高まっているはず。

**1000万円をすべて高配当株に振り向けていれば、配当金は年30万〜40万円になるはずですから、配当金だけで毎年1銘柄ずつ増やしていくことができます。**

　資産1000万円くらいまでは、新NISAを活用した投資信託やETF（上場投資信託）でも十分に達成可能ですが、資産3000万円を超えるとなると、個別株を買うことが必須になってきます。

　個別株を買ってここまで到達した人は、ある程度、投資の経験も知識も身についているはず。高配当株・優待株のほかに、少し成長株を加えてみるなど、さらに資産形成を加速する手法をとり入れてみてもいいかもしれません。

　私の「**高配当株5：優待株3：成長株2**」というポートフォリオは、いろいろと試行錯誤した末のもので、現時点では、これが私にとって心地よいバランスだと感じています。

　高配当株をメインに優待株を最低単元だけ買って、仮に株価が下がったとしても、余裕を持っていられる程度に成長株を買ってみる。

　こういうポートフォリオであれば、資産1000万円を超えてきたら、10〜30銘柄は保有していてもいいと思います。

## 資産3000万〜5000万円 年120万円の配当金を再投資

　資産3000万円まで増えると、「自分の投資手法はこれでいいんだ」と自信を持てるはずです。

しかも、高配当株をメインに保有していれば、配当金は年90万〜120万円程度になるはず。年120万円ということは、月10万円。これは大きいですよ。

**"お金がお金を産む"という効果をかなり体感できるようになります。**
今後変わるかもしれませんが、いまはとくに既婚女性が「扶養控除内の103万円に達しない範囲で働く」というケースが多いと思います。年100万円くらい稼ごうと思うと、時給1000円のパートだと、「週4日10時から15時まで働く」くらいのイメージになります。パート先までの通勤時間もありますから、けっこうな時間を拘束されますよね。
**資産3000万円になれば、扶養控除内でパートに出て働くのと同じくらいの金額を、株が勝手に稼いでくれるようになるというわけです。**

厚生労働省年金局が発表した「令和4年度厚生年金保険・国民年金事業の概況」によると、2022年の国民年金の平均受給額は5万6428円です。国民年金の倍ほどの額を配当金によって自動的にまかなえると思うと、老後の生活もラクになりますよね。
資産は、「まっすぐ右肩上がり」のグラフを描いて増えていくわけではありません。どちらかといえば、そのような一次関数ではなく、二次関数的なグラフです。つまり、ある程度のところからグッと、お金の増え方が加速するのです。
そのポイントの1つの目安が資産3000万円というわけです。

**そこで、資産1億円を目指す人でも、まずは資産3000万円を1つの**

**目標にするといいと思います。**

　資産1億円のような高い目標を掲げてしまうと、「まだまだ、ぜんぜん届かない……」と、イヤになってしまうかもしれません。

　ちなみに89ページで触れた金融庁の資産運用シミュレーションで、同じく「積立金額8万円、想定利回り8％」で計算すると、資産が3000万円を超えるのに必要な年数は「16年」であることがわかります。

## 資産5000万〜1億円 FIREするなら資産2億円を目指す

ステージ **5**

　資産3000万円まで築けた人は、たぶん資産が5000万円、1億円へと増えるスピードは「思ったより早い」「1000万円まではあんなに時間がかかったのに」と感じるはずです。

　**私の体感では、資産3000万円を築くまでの倍ぐらいの速度で、資産1億円を達成しました。**なので、資産3000万円まで増やせた人は、ほぼ間違いなく1億円に到達できると思って投資に励んで欲しいです。

　株は「複利」が重要なので、元手が多いほど有利。ここまでくれば自分自身にも投資の知識がついてきて、どんどん自分の投資手法が洗練されている状態です。その手法をどうぞ続けて欲しいと思います。

　資産1億円を達成すれば、配当金は年300万〜400万円ほど。厚生労働省が2024年3月27日に発表した「2023年の賃金基本構造統計調査」によると、全体の賃金は31万8300円で前年から2.1％増えましたが、**これと同レベルの収入を配当金により得られる計算になります。**

リスクの低い私の投資法でも、資産1億円は十分に可能ですが、1億円に近づいてくるにつれ、入金の効果があまり得られなくなってくることも事実です。

毎月10万円入金できたとしても、資産1億円からすれば、わずか0.1％に過ぎません。ところが日経平均株価が1％も上下動すれば、それに合わせて1日で資産評価額が100万円上下してしまうのです。

ときには連日100万円以上の含み損が続くことも起こり得ます。会社員として普通に働いていて月100万円稼ごうと思うと大変ですが、1億円を投資に回していると、そんなことも珍しくないのです。

このステージになると、含み損が1日100万円膨らんだとしても動じない精神的なタフさも必要になります。とはいえ、このステージに至るまで、株価変動を見続けているでしょうから、その精神力は自然と身につくはずです。

## 📈 徹底してきたマイルールとは？

資産1億円に到達すれば、2億、3億円を突破するのも現実味を帯びてきます。私が「消防を辞めよう」と思ったのが資産2億円を超えたあたりですが、FIRE（経済的な自立による早期リタイア）をするには最低でも資産2億円はあったほうがいいと思います。

とくにいまのような日経平均株価が高いときの1億円は、何かあればあっという間に資産が7000万円、5000万円に目減りしてしまうリスクもはらんでいます。そうなれば、また働きに出なくちゃいけません。

人にもよると思いますが、1回FIREしてから働きに出るのは、なか

なかしんどいと思います。資産2億円あれば、たとえ1億5000万円、1億円になったとしても、株を売らずに配当金だけでじっと我慢していれば、そのうちきっと株価も元に戻るはずです。

　なので、とくに「ゆくゆくは仕事を辞めて株だけで生活したい」と思っているような人は、この資産5000万円から1億円のステージで、調子に乗ってお金を使いすぎないことが重要です。

　基本的なことですが「足るを知る」、つまり自分が置かれた状況で満足感を得ることを肝に銘じて忘れないことです。

　**私の場合、「お金がなくなっていくことへの恐怖」を感じたことはありません。それは、毎年収入以上に支出を増やさないように徹底的に管理しているから。だから毎年必ずお金が増えていくともいえます。**

　このマイルールだけは、どんなときも徹底してきました。「今年はちょっとお金が必要だから今年だけは特別」「今年は相場が悪くて資産が減ったから、少しくらい足が出ても仕方ないよね」といった自分に甘い"特別ルール"は設けたことがありません。

　そもそも私のような株主優待を得る目的で株式投資をする"優待族"は、基本的に倹約が身についており、お金を使いすぎることに罪悪感を覚える人も少なくありません。なので、お金が増えたとしても使い過ぎるような人は、そう多くないのではないかと思います。

　とにかく、このステージまで到達できた人は、自分を信じて突き進んで欲しいと思います。

# 一時的な株価下落&高騰は大きなチャンス

　私は平日、午後2時ごろにスポーツジムから自宅へ戻ってきて、株関連の情報に触れています。

　**よくチェックするのは、その日の「新安値」や「新高値」。**一定期間のなかでそれまでの最安値を更新したときは「新安値」、それとは逆にそれまでの最高値を更新したときは「新高値」といいます。

　私が利用しているマネックス証券のサイトでは、「過去52週間（1年）の新安値（新高値）」をボタン1つで確認することができます。

　その日に年初来安値をつけた銘柄の一覧も見られますが、「なぜこれだけ安くなったのか」を確認して、「こういう原因で安値をつけてるのであれば、いずれ元に戻るはずだから買ってみよう」と判断することもあります。**一時的に株価が下がったとするならば、それは買い増しのチャンスですからね。**

　また、その逆もしかり。新高値であれば、「なんでこんなに高くなったのか」を確認します。あまりにも原因がわからないのに株価が高騰していれば、その反動で急落する可能性もありますから、その時点で売却して利益確定してしまうこともあります。

　原因がわからない株価高騰は、その後、急落することも多いですから、いったん利益確定しておこうという判断になりやすいです。その

後、株価が下がったら下がったで、また買い直せばいいだけの話です。

　もちろん、たとえば「52週（1年）の新安値（新高値）」は、そう頻繁に出るものでもありません。

　そこで、過去5日間の安値や、ここ30日の下落率も見たりします。新安値と新高値は、ある程度日経平均株価と連動しており、相場がいいときは新安値の銘柄は少ないですし、相場が悪いときは割安感のある株を見つけやすいです。2024年に入ってからの上がり相場では、新高値がちょっと多すぎるなと感じています。

　こうした数値をちょくちょくチェックしていれば、そのうち「これくらいの出来事だと、株価にはこれくらいのインパクトがあるはず」と、だいたい予測することができるようになってきます。

## 想定外の事態に対応する

　ところが、市場というのは**「過去の経験則から、この株価が妥当である」**といった値動きをするわけではありません。さまざまな投資家の思惑が絡み、想像以上に安くなったり高くなったりすることがあります。

　一時的な株価の高騰の例でいえば、名古屋市に本社を置く中古車販売のグッドスピード（7676）があります。2019年に上場し、2021年には株価2600円を突破しましたが、2023年に同業の中古車販売のビッグモーターによる保険金水増し請求に連動するかのように、グッドスピードも事故修理費用を水増し請求していたことが発覚。株価は600円台にまで急落しました。

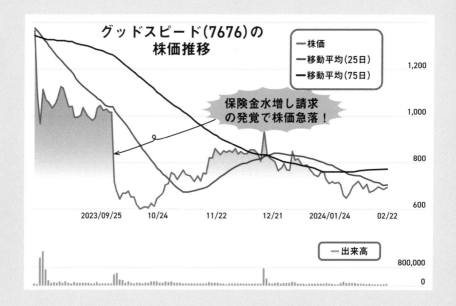

グッドスピード（7676）の
株価推移

凡例:
— 株価
— 移動平均(25日)
— 移動平均(75日)

保険金水増し請求
の発覚で株価急落！

1,200
1,000
800
600

2023/09/25　10/24　11/22　12/21　2024/01/24　02/22

— 出来高

800,000
0

　ただ同年12月には、一時900円まで株価が回復。これは英投資ファンドのニッポン・アクティブ・バリュー・ファンドが、グッドスピード株を５％以上保有していることが大量保有報告書により明らかになったからでした。

　グッドスピード自身は何も変わっていないのにもかかわらず、株価が急伸。こんな材料は私にとっては売り時にしか見えませんでした。案の定、１か月も経つと、700円台に下落していきました。

　逆に一時的な株価の下落でいえば、投資向けマンションを開発・販売するグッドコムアセット（3475）の例があります。売上高が「期ずれ」してしまったため、2023年12月には非常に見た目の悪い決算を発表しました。**その年に計上するべき売上高や利益を前年や翌年に計上することを「期ずれ」といいます**が、グッドコムアセットは約400

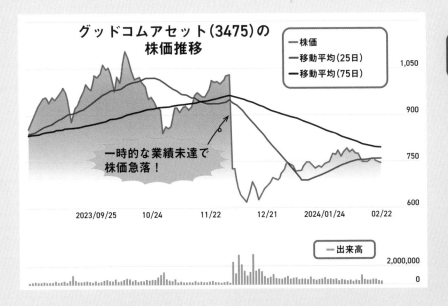

グッドコムアセット（3475）の
株価推移

凡例：
─株価
─移動平均（25日）
─移動平均（75日）

一時的な業績未達で
株価急落！

2023/09/25　10/24　11/22　12/21　2024/01/24　02/22

1,050
900
750
600

─出来高

2,000,000
0

億円規模の物件売却が期ずれしたため、一時的に業績未達となり、期初からの配当予想を据え置いたのでした。

　その結果、株価は1000円台から600円台まで下落してしまいました。ただよく考えてください。期ずれしただけということは、しっかりと会社の売上高は立っており、来期にはその分が上乗せされることが明白なわけです。それなのに株価が急落したのは、**一時的な減収の数字しかみていない投資家が多すぎる**からでしょう。

　私は「これは買い時だ」と思って買い増しました。案の定、2か月も経たないうちに200円ほど値を戻しています。

　一時的な株価下落にしても、株価上昇にしても、けっして深い経済知識や思考力を必要とするものではないと思います。常識的に考えて当たり前だと思うようなことは、往々にして当たるものです。

# かんちオススメ！
# 最強の
# 高配当株×優待株

PART3では、オススメの高配当株＋優待株を紹介します。長年の投資経験から、「いまならこの株がいい」と思って選んだ銘柄ばかりです。

まだ経験の浅い投資初心者でなくても、投資先の銘柄選びに迷うことがあるでしょう。PART1でお伝えした5つのステップで投資先候補を絞り込んだとしても、最後の決断をためらうケースがあるかもしれません。

そこで、高配当株にプラスして株主優待を実施している優待株のなかから、具体的なオススメ銘柄を4つに分類して紹介します。

## かんちオススメ！ ベスト36

- **最強の高配当株×優待株** ［6銘柄］
- **安定の高配当株** ［10銘柄］
- **株価上昇を期待する優待株** ［10銘柄］

  （資産拡大にも少し役立つ株）

- **株価上昇を期待しない優待株** ［10銘柄］

  （資産拡大にはあまり役立たないものの優待が魅力的な株）

なお、**優待株は株主優待が目的なので、配当利回りが低い銘柄もあります。** その点はご了承ください。以下は備考です。

- 「配当利回り」などの指標は、2024年4月1日の参考値です。
- 「権利確定月」は、配当・優待どちらも含みます。
- 「権利確定月」は、会社HPに記載がある場合、その表記に則ります。書かれていない場合、近年の実質ベースで記載しています。

配当利回り
**4.56**%
権利確定月
3月・9月末

## かんちオススメ! 最強の高配当株×優待株 【No.1】

日産・ホンダの自動車ディーラー

# VTホールディングス | 7593 | 小売業

[東証] **プライム**　[株価] **526円**　　[最低購入額] 約 **5万2600円**

PER **7.7倍**　PBR **0.82倍**
EV/EBITDA **5.8倍**

## 直近10年の業績

増収 **8回**　営業増益 **5回**

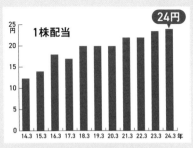

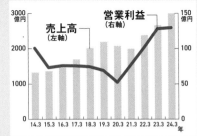

[優待]
**100株以上保有で株主優待券(新車・中古車購入時利用優待券3万円、車検時利用優待券1万円、レンタカー利用割引券(最大20%)5枚、自動車の洗車とコーティングの直営店「キーパーLABO」サービス利用割引券(20%)1枚)**

株価チャート **月足**

## 😃 かんちのひと言コメント

　名古屋市に本社を置くホンダ・日産などの新車ディーラーを中心とした持株会社です。中古車の無店舗販売業から新車のディーラー事業に転換。自動車ディーラーとしては後発組ながら、M&A(合併・買収)も積極的に行って業績を伸ばしています。株価500円台と、種銭が少なくても買いやすいのも魅力ですね。

中部電力系列の名古屋本社の変圧器メーカー

## 愛知電機 | 6623 | 電気機器

[名証] プレミア 　[株価] 4140円 　　　[最低購入額] 約 41万 4000円

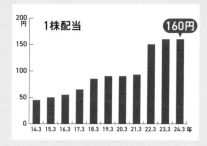

PER **8.2倍** 　PBR **0.55倍**
EV/EBITDA **2.9倍**

### 直近10年の業績
増収 **7回** 　営業増益 **6回**

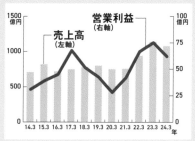

1株配当　**160円**

売上高（左軸）　営業利益（右軸）

[優待]
100株〜1000株未満
100株以上保有で
3000円相当のカタログギフト（※基準日時点で1年以上継続保有）

株価チャート **月足**

## 😊 かんちのひと言コメント

　愛知県に本社を置く中部電力グループの変圧器メーカーです。コロナ禍では1株2000円を切る程度まで株価が下落しましたが、その後4000円程度まで上昇。中国に進出していますが、不動産バブルの崩壊でエアコンに取りつけるコンプレッサ用モーターが売れなくなりました。ただし、バブル崩壊の余波が落ち着けば需要も回復し、売り上げもさらに伸びていくはずです。

配当利回り
**3.80%**
権利確定月
3月・9月末

## かんちオススメ！ 最強の高配当株×優待株 【No.3】

"超硬工具"に特化する専門商社

# Cominix | 3173 | 卸売業

［東証］スタンダード ［株価］920円   ［最低購入額］約9万2000円

PER **8.3倍**  PBR **0.81倍**
EV/EBITDA **7.3倍**

### 直近10年の業績
増収 **7回**  営業増益 **6回**

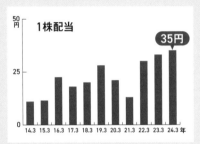

1株配当

35円

14.3 15.3 16.3 17.3 18.3 19.3 20.3 21.3 22.3 23.3 24.3 年

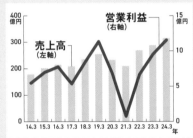

営業利益
（右軸）

売上高
（左軸）

14.3 15.3 16.3 17.3 18.3 19.3 20.3 21.3 22.3 23.3 24.3 年

［優待］
ポイントに応じて世界
各国の特産品カタログ
ギフト
200株〜500株未満
1年以上：2000ポイント
3年以上：3000ポイント
500株〜1000株未満
1年以上：3000ポイント
3年以上：4000ポイント
1000株以上
1年以上：4000ポイント
3年以上：5000ポイント

株価チャート 月足

19/07 20/01 20/07 21/01 21/07 22/01 22/07 23/01 23/07 24/01

## 😊 かんちのひと言コメント

　モノづくりの過程で金属加工に使う「切削工具」「耐摩工具」に特化した専門商社です。1950年に大阪工具（1954年大阪工機に改称、現社名は2018年から）として創業し、2000年代からは海外進出にも注力しています。自動車部品加工メーカー向けの比重が重く、自社ブランド品もあり、切削工具市場の世界シェア約60％と高い商品力を誇ります。

# かんちオススメ！ 最強の高配当株×優待株 【No.4】

首都圏での戸建販売事業を中核とするハウジング会社

## アグレ都市デザイン ｜ 3467 ｜ 不動産業

［東証］**スタンダード**　　［株価］**1511**円　　　［最低購入額］約 **15万1100**円

---

PER **10.1**倍　　PBR **1.68**倍
EV/EBITDA **8.6**倍

---

### 直近10年の業績
**増収 10回**　　**営業増益 7回**

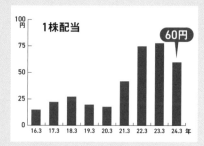

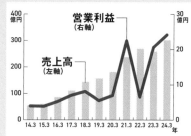

---

［優待］
100株以上
クオカード 1000円分

## 😶 かんちのひと言コメント

　東京・多摩地区での戸建て販売事業をメインとして、不動産仲介やコンサルティングを展開している企業です。デザイン性の高い戸建て住宅や投資用マンションを展開。価格はそこそこ高いものの、外観を始め思わず買いたくなるようなデザインがグッド！ 買収で宿泊事業を始めるなど、地味な企業ですが成長を続けています。

# かんちオススメ！ 最強の高配当株×優待株 【No.5】

住宅設計や省エネリフォーム、エネルギー関連システム開発

## エプコ | 2311 | サービス業

[東証]スタンダード　[株価]**868**円　　　[最低購入額]約**8**万**6800**円

**PER 16.0倍　PBR 1.66倍
EV/EBITDA 21.7倍**

### 直近10年の業績

増収 **10**回　営業増益 **4**回

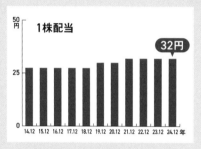

1株配当

32円

売上高（左軸）　営業利益（右軸）

[優待]
100株以上
太陽光発電システム
100万円分または　蓄
電池100万円分を戸建
住宅に無償で設置する
権利(抽選で5人)

株価チャート 月足

## 💬 かんちのひと言コメント

　住宅の設計やメンテナンス、省エネリフォーム、システム開発といったサービスを展開している企業です。住宅メーカーから給排水設備の設計と、コールセンターでメンテナンスを受託。年間の設備設計戸数は日本最大級であり、売り上げはここ10年間右肩上がりです。最近の月次の伸びもよく、そろそろ利益もついてくるのではと見ています。

戸建分譲住宅国内最大手の住宅建設グループ

# 飯田グループホールディングス | 3291 | 不動産業

[東証] プライム　[株価] **1998.5** 円　　[最低購入額] 約 **19** 万 **9850** 円

PER **8.0** 倍　PBR **0.58** 倍
EV/EBITDA **5.7** 倍

## 直近10年の業績
増収 **8** 回　営業増益 **6** 回

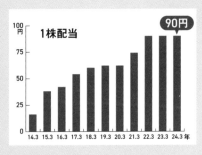

1株配当

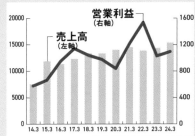

売上高（左軸）　営業利益（右軸）

[優待]
100株〜1000株未満
江の島アイランドスパ優待券（温泉・プールエリア利用券4枚）
1000株〜10000株未満
施設共通クーポン券　5万円分　リフォームクーポン券　5万円分
10000株〜100000株未満　施設共通クーポン券　10万円分　リフォームクーポン券　10万円分
100000株以上　施設共通クーポン券　20万円分　リフォームクーポン券　20万円分

株価チャート 月足

💬 **かんちのひと言コメント**

　分譲戸建住宅、分譲マンション、注文住宅請け負いの住宅事業を展開。分譲戸建住宅の約3割を同社が占めており、テレビCMでもおなじみ。しばらくは資源高の影響で、粗利率は低い状態にあることが予測される一方、ロシアの森林会社を買収しており、ロシアによるウクライナ侵攻が終結すれば、大量に安い材木を調達できる可能性あり（ただし逆の可能性もあります）。

## かんちオススメ！ 安定の高配当株 [No.1]

配当利回り
**4.56%**
権利確定月
3月・9月末

ベンツやBMWの正規ディーラーで中古車販売も

# ケーユーホールディングス | 9856 | 小売業

[東証] スタンダード　[株価] 1163円　　[最低購入額] 約11万6300円

PER **6.7倍**　PBR **0.62倍**
EV/EBITDA **4.5倍**

### 直近10年の業績
増収 **9回**　営業増益 **6回**

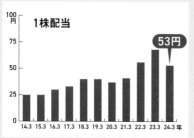

1株配当　53円

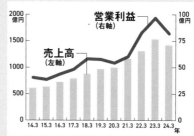

営業利益（右軸）
売上高（左軸）

[優待]
なし

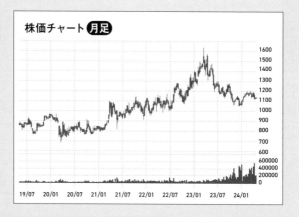

株価チャート 月足

## 😀 かんちのひと言コメント

　多様なメーカーの新車・中古車を取り扱うディーラーです。首都圏を中心に15都道府県で46店舗を展開しています。創業以来の黒字経営で、実質無借金であるところが、かなりの高評価ポイント。自動車業界の既成概念にとらわれず、「トータルディーラー」としての歩みを進めていこうとする気概も私は好きです。関東から東北や北陸に店舗網を拡大しています。

## かんちオススメ！ 安定の高配当株 【No.2】

**ニッチな領域を専門とする商社**

# ラサ商事 | 3023 | 卸売業

[東証] スタンダード　[株価] 1980 円　[最低購入額] 約 19 万 8000 円

**PER 11.4倍　PBR 1.10倍
EV/EBITDA 7.5倍**

**直近10年の業績**
増収 **4回**　営業増益 **9回**

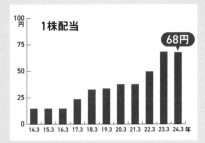

1株配当 68円

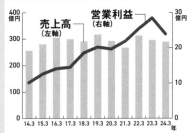

売上高（左軸）　営業利益（右軸）

[優待]
なし

株価チャート 月足

## 😊 かんちのひと言コメント

　鉱産物や産業機械、環境プラントなどを専門とする商社です。歯科材料や装飾品に使うセラミック系材料の鉱物資源・ジルコニアの取扱量で国内トップシェアを誇るなど、「ニッチ市場における高いシェア・プレゼンスの獲得」に注力しています。円安は商社にとって追い風ですし、ニッチな市場で高い存在感を示しているということは、他社に真似されづらいので魅力的です。

**かんちオススメ！ 安定の高配当株** 【No.3】

三井住友信託銀行を中核とし、各種金融サービスを提供

# 三井住友トラスト・ホールディングス ｜ 8309 ｜ 銀行業

［東証］プライム　［株価］3185 円　　　　［最低購入額］約 31 万 8500 円

PER **27.2**倍　PBR **0.78**倍
EV/EBITDA ー

### 直近10年の業績
増収 **7 回**

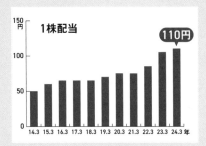

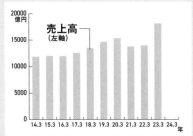

［優待］
なし

💬 **かんちのひと言コメント**

　2011年4月に中央三井トラスト・ホールディングスと住友信託銀行が経営統合して発足した銀行持株会社で、傘下に三井住友信託銀行があります。なお、三井住友フィナンシャルグループや三井住友銀行との直接的な資本関係はありません。個人投資家向けのIRにも注力しており、連結配当性向は40％以上を謳っています。

117

## かんちオススメ！ 安定の高配当株　【No.4】

世界第3位のたばこ販売会社

# JT | 2914 | 食料品

[東証] **プライム**　　[株価] **4080円**　　[最低購入額] 約 **40万8000円**

PER **15.9倍**　PBR **1.89倍**
EV/EBITDA **10.1倍**

### 直近10年の業績
増収 **6回**　　営業増益 **5回**

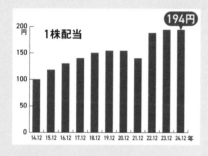

1株配当　194円

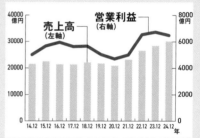

売上高（左軸）　営業利益（右軸）

[優待]
なし

株価チャート 月足

## 😀 かんちのひと言コメント

　言わずと知れた、たばこの独占企業です。たばこを吸う人の減少で消費量は減っても、値上げで利益を確保できるいい会社ともいえます。PERやPBRは私の基準からするとやや割高ですが、やはり独占は強い！　高配当株投資家のポートフォリオにはだいたい入っているはずの人気銘柄であり、食品・医薬品事業も展開しています。買収した企業がうまく稼げれば、まだ伸びます。

**かんちオススメ！ 安定の高配当株** 【No.5】

配当利回り
**3.48**%
権利確定月
6月・12月末

底地・居抜き物件の権利調整をともなう不動産ビジネスを展開

# サンセイランディック ｜ 3277 ｜ 不動産業

[東証] スタンダード　[株価] 1148 円　　[最低購入額] 約 11 万 4800 円

PER **9.5**倍　PBR **0.78**倍
EV/EBITDA **10.3**倍

**直近10年の業績**
増収 **7** 回　営業増益 **8** 回

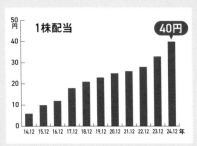

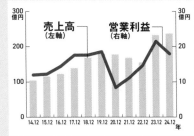

[優待]
なし

株価チャート 月足

## 😊 かんちのひと言コメント

「不動産権利調整」というニッチな分野を扱っている会社で、権利関係が複雑な不動産を買い取り、関係を調整して再販。「底地」の分野ではライバル不在です。今後相続案件が増えていけば、収益も増えていくはず。最近は毎年増配を繰り返しており、今後もこの傾向が続くのであれば安定的に4%は超えてくるだろうと見ています。

## かんちオススメ！ 安定の高配当株 【No.6】

「湘南ゼミナール」「森塾」などを運営する学習塾サービス会社

# スプリックス | 7030 | サービス業

[東証] **スタンダード**　[株価] **817円**　[最低購入額] 約 **8万1700円**

PER **31.6倍**　PBR **1.42倍**
EV/EBITDA **4.1倍**

### 直近8年の業績
増収 **8回**　営業増益 **5回**

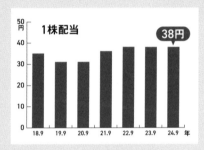

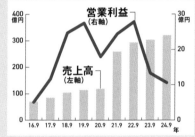

[優待]
なし

## 💬 かんちのひと言コメント

　個別指導「森塾」、学習塾「湘南ゼミナール」、映像授業「河合塾マナビス」などを運営している学習塾サービス企業です。学習塾自体は先行投資がかさんで利益が減少しているものの、プログラミング能力検定などを実施しており、検定事業の収益性が向上すれば一気に収益は上向くはず。それまで高配当をもらいつつ、待ち続けるのも悪くない戦略だと思います。

## かんちオススメ！ 安定の高配当株　[No.7]

九州を地盤とする派遣型アウトソーシング会社

# ワールドホールディングス | 2429 | サービス業

[東証] プライム　[株価] 2524 円　　[最低購入額] 約 25 万 2400 円

PER **9.4**倍　PBR **1.10**倍
EV/EBITDA **6.8**倍

### 直近10年の業績
増収 **9** 回　営業増益 **7** 回

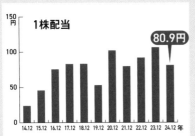

1株配当

80.9円

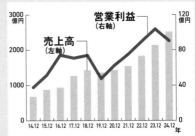

営業利益（右軸）
売上高（左軸）

[優待]
なし

株価チャート 月足

## 😊 かんちのひと言コメント

　北九州市に本社を置く、人材派遣アウトソーシング会社。半導体大手の台湾積体電路製造（TSMC）など、現在九州に超大型の工場が相次いで進出しており、同社が恩恵を受けないはずがないと見ています。2024年12月決算は営業利益の減益などで配当も下がっていますが、2025年以降は立ち直って高配当株に戻ると期待しています。

配当利回り
**4.36%**
権利確定月
3月・9月末

インターホンの国内トップメーカー

## アイホン ｜ 6718 ｜ 電気機器

[東証] プライム　　[株価] 2981 円　　　　[最低購入額] 約 29 万 8100 円

PER **13.2倍**　PBR **0.79倍**
EV/EBITDA **8.3倍**

### 直近10年の業績
増収 **8回**　　営業増益 **4回**

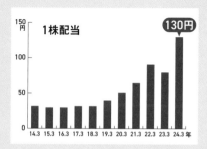

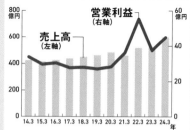

[優待]
なし

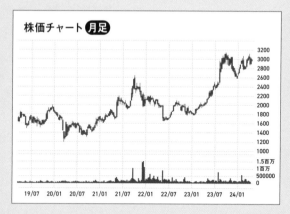

株価チャート 月足

💬 **かんちのひと言コメント**

　住宅・施設のインターホンを手がける国内トップメーカーです。コロナ禍では触れずに押せるインターホンが爆発的な売り上げを見せたものの、その特需は数年で消失。しかし、ナースコールなど医療・介護向けも展開しつつ、地味ながら少しずつ確実に伸びており、今後は東南アジアでの事業拡大にも期待できます。

# かんちオススメ！　安定の高配当株　【No.9】

配当利回り
**4.27%**
権利確定月
6月・12月末

既存物件の借り上げを強みに持つ不動産賃貸の経営支援会社

## JPMC | 3276

[東証] プライム　　[株価] 1289 円　　　　[最低購入額] 約 12 万 8900 円

PER **12.0倍**　PBR **2.64倍**
EV/EBITDA **7.3倍**

### 直近10年の業績
増収 **10回**　　営業増益 **8回**

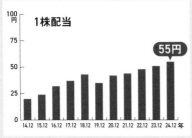

1株配当

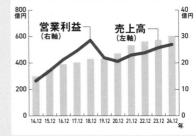

営業利益（右軸）　売上高（左軸）

[優待]
なし

株価チャート 月足

## 😊 かんちのひと言コメント

　旧社名を「日本管理センター」といい、サブリースを中心に賃貸住宅の借り上げや運営を行っています。全国で11万戸を運用しており、入居率も高いです。一時停滞期がありましたが、踊り場を通り越して再び成長のフェーズに入りました。ストック性の高いビジネスモデルなので、今後も成長していくと期待できます。四季報でも「増配路線」と紹介されています。

## かんちオススメ! 安定の高配当株 【No.10】

インフラに強い建設コンサルタント会社

# DNホールディングス | 7377 | サービス業

[東証] スタンダード [株価] 1640 円　　[最低購入額] 約 16 万 4000 円

PER **7.2**倍　PBR **1.12**倍
EV/EBITDA **4.0**倍

### 直近2年の業績
増収 **2**回　　営業増益 **2**回

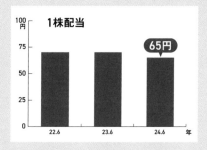

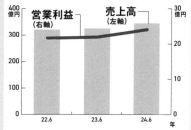

[優待]
なし

株価チャート 月足

## 😊 かんちのひと言コメント

　橋梁を中心とした構造物の計画・設計に強みを持つ大日本コンサルタントと、地質や地番の調査・解析に強みを持つダイヤコンサルタントが2023年に合併してできた総合建設コンサルタント企業です。防災・減災や社会インフラの老朽化への対応など、国の事業を多く請け負っているので、安心感があります。

# かんちオススメ「優待株」

続いては、

オススメの優待株も紹介しておきます。

優待株については、

## 「株価上昇を期待する優待株」

（資産拡大にも少し役立つ株）

## 「株価上昇を期待しない優待株」

（資産拡大にはあまり役立だたないものの優待が魅力的な株）

に分けて紹介します。

## かんちオススメ！ 株価上昇を期待する優待株 【No.1】

配当利回り
**3.31%**
権利確定月
5月・11月末

官公庁工事が柱の総合建設コンサルタント

# E・Jホールディングス | 2153 | サービス業

［東証］**プライム**　［株価］**1818**円　　　［最低購入額］約 **18**万**1800**円

PER **8.9**倍　 PBR **1.01**倍
EV/EBITDA **2.5**倍

### 直近10年の業績
増収 **9** 回　　営業増益 **8** 回

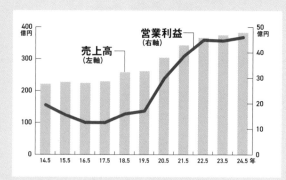

[優待]
100株以上1000株未満
クオカード1000円分
1000株以上5000株
未満
クオカード3000円分
5000株以上
クオカード5000円分

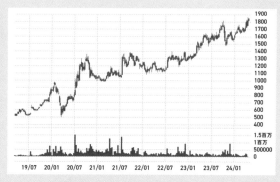

## 😊 かんちのひと言コメント

　岡山県岡山市に本社を置く総合建設コンサルタント事業を展開する会社を傘下に持つ持株会社です。官公庁の公共事業に対して企画から施工管理まで一貫して提供しています。124ページのDNホールディングス（7377）と同じく、主要取引先は国土交通省と安定感があり、おおむね右肩上がりに成長しているいい会社です。

## かんちオススメ！ 株価上昇を期待する優待株 【No.2】

**配当利回り 2.84%**
権利確定月
3月・9月末

国内3位の大手家電量販店

# エディオン ｜ 2730 ｜ 小売業

[東証] プライム 　[株価] 1548 円 　　[最低購入額] 約 15 万 4800 円

PER **13.3倍**　PBR **0.75倍**
EV/EBITDA **6.8倍**

### 直近10年の業績
増収 **7回**　営業増益 **6回**

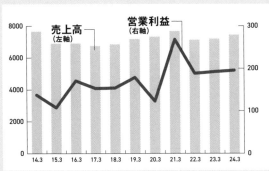

[優待]
100株以上500株未満
ギフトカード **3000円分**
500株以上1000株未
ギフトカード **10000円分**
1000株以上2000株未満
ギフトカード **15000円分**
2000株以上5000株未満
ギフトカード **20000円分**
5000株以上10000株未満
ギフトカード **25000円分**
10000株以上
ギフトカード **50000円分**
ほか

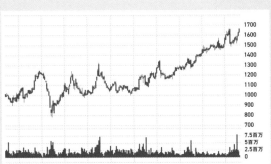

## 😄 かんちのひと言コメント

　家電量販店「エディオン」の運営会社です。中部・西日本を中心に地域密着のサービス戦略をとり、直営店全店でニトリホールディングスの家具を展開するなど、住宅関連事業にも強みがあります。ネット通販も使い勝手がよく、わが家では家族全員がエディオン株を保有しています。サッカーJリーグ・サンフレッチェ広島の親会社でもあります。

## かんちオススメ！株価上昇を期待する優待株 [No.3]

配当利回り
**3.34**%
権利確定月
6月・12月末

### 東京23区・駅近物件を中心に取り扱う不動産デベロッパー

# ヒューリック | 3003 | 不動産業

[東証] **プライム**　[株価] **1555.5 円**　　[最低購入額] 約 **15 万 5550 円**

PER **12.1倍**　PBR **1.55倍**
EV/EBITDA **15.8倍**

### 直近10年の業績
増収 **5回**　営業増益 **10回**

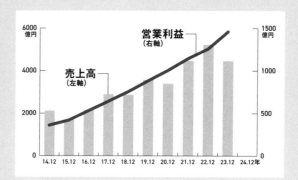

[優待]
3年未満
300株以上で3000円
相当のグルメカタログ
ギフトから1点
3年以上
300株以上で3000円
相当のグルメカタログ
ギフトから2点

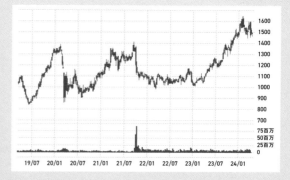

## 😊 かんちのひと言コメント

　東京23区を中心に駅近の好立地にオフィスビルや商業施設を数多く保有しています。売上高が下がる年があっても、営業利益は10年連続で伸びています。グルメカタログから選べる商品のバリエーションが非常に優秀で、選ぶのが大変なくらいですが、ほぼ間違いなく誰もが「欲しい！」と思える商品を見つけることができると思います。

資産拡大にも少し役立つ株

## かんちオススメ！ 株価上昇を期待する優待株 【No.4】

配当利回り
**1.06**%
権利確定月
6月・12月末

B to B間接資材のEコマース国内最大手

# MonotaRO | 3064 | 小売業

［東証］プライム　［株価］**1794.5** 円　　［最低購入額］約 **17万9450円**

PER **35.5**倍　PBR **10.32**倍
EV/EBITDA **24.5**倍

### 直近10年の業績
増収 **10回**　　営業増益 **10回**

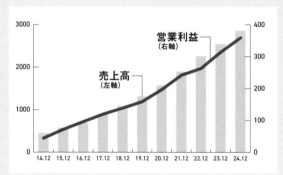

［優待］
100株保有
半年以上：プライベートブランド商品3000円分
3年以上：プライベートブランド商品5000円分
5年以上：プライベートブランド商品7000円分

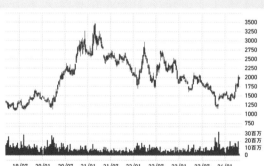

## 😀 かんちのひと言コメント

　間接資材領域のリーディングカンパニーです。おもに製造業や自動車整備業、工事業などの中小法人から、インターネットなどで簡単に受注。プライベートブランドも展開しており、その品ぞろえは圧倒的です。過去10年連続で売上高も営業利益も伸びている優良企業。選択できるのは自社商品ですが、ボールペンやコピー用紙といった消耗品も豊富です。

## かんちオススメ！ 株価上昇を期待する優待株 【No.5】

ホテルの数を増やしつつ不動産開発と賃貸事業を展開

## サムティ │ 3244 │ 不動産業

［東証］プライム　［株価］**2778**円　　［最低購入額］約 **27**万 **7800**円

PER **12.3**倍　PBR **1.23**倍
EV/EBITDA **17.4**倍

### 直近10年の業績
増収 **9**回　営業増益 **9**回

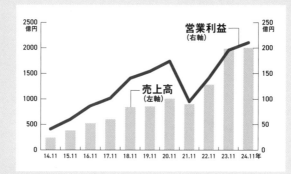

[優待]
200株以上300株未満1枚　300株以上600株未満2枚　600株以上1000株未満3枚　1000株以上2000株未満4枚　2000株以上5000株未満6枚　5000株以上10000株未満8枚　10000株以上10枚
※優待券1枚でホテルの宿泊1泊可能

### 💬 かんちのひと言コメント

　不動産の取得から開発、運用まで一気通貫で手がける総合不動産会社です。景気に左右されにくいストック型ビジネスによる安定的な収入と、ホテル事業などのフロー型ビジネスによる成長を実現しています。かつては優待券が使えるホテルの数がかなり少なかったのですが、どんどん使えるホテルが増えており、使い勝手もよくなりました。

## かんちオススメ！株価上昇を期待する優待株 【No.6】

**配当利回り**
**1.46%**
権利確定月
1月・7月末

関東圏でスーパーマーケット「ジャパンミート」「肉のハナマサ」を運営

# JMホールディングス | 3539 | 小売業

[東証] プライム　　[株価] 2734円　　　[最低購入額] 約 27万 3400円

**PER 15.4倍　PBR 1.76倍**
**EV/EBITDA 6.9倍**

**直近10年の業績**
増収 **10回**　営業増益 **8回**

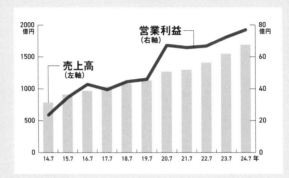

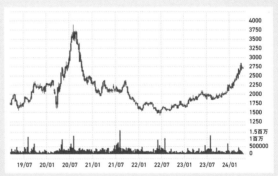

[優待]
100株以上 国産鶏ムネ肉2kg、沖縄琉香豚ばら肉薄切500gなど（計2500円相当）
500株以上 国産鶏ムネ肉2kg、沖縄琉香豚ばら肉薄切500gなど（計3500円相当）
1000株以上 国産鶏ムネ肉2kg、沖縄琉香豚肩ロース1本など（計5000円相当）
10000株以上 国産鶏ムネ肉2kg、沖縄琉香豚肩ロース1本など（計10000円相当）

## 💬 かんちのひと言コメント

　茨城県を中心とする関東圏を地盤に「ジャパンミート生鮮館」「ジャパンミート卸売市場」「肉のハナマサ」などの食品スーパーを展開しています。精肉部門を核とした独自のビジネスモデルを強みとしており、優待品としてたくさん肉を送ってくれます。優待品が届いたときには、とても嬉しくなる銘柄でもあります。

# かんちオススメ！ 株価上昇を期待する優待株 【No.7】

高い農業技術を強みとする農薬・肥料会社

## OATアグリオ ｜ 4979 ｜ 化学

［東証］スタンダード　［株価］2041円　　［最低購入額］約 20 万 4100 円

PER **10.9** 倍　PBR **1.51** 倍
EV/EBITDA **5.8** 倍

### 直近10年の業績
増収 **9 回**　営業増益 **7 回**

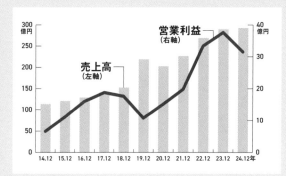

[優待]
100株以上
1年未満　グループ製品
（2500円相当）、フラワー
ギフト券（2000円相当）
のうちから1品目
1年以上3年未満　グルー
プ製品（2500円相当）、フ
ラワーギフト券（2000円
相当）のうちから1品目と
1000円のクオカード
3年以上　グループ製品
（2500円相当）、フラワーギ
フト券（2000円相当）のう
ちから1品目と3000円のク
オカード

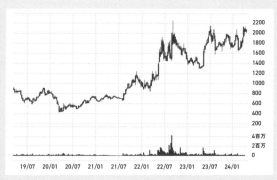

## 💬 かんちのひと言コメント

　自社で農薬の有効成分を開発するなど、独自の技術に強みを持つ農薬・肥料会社です。植物成長調整剤の開発にも注力しています。大塚化学のアグリテクノ事業部がMBO（経営陣が参加する買収）により分離・独立しました。自分で花を買うことは少なくても、優待品で花が家の中にあると嬉しいですから、そういう意味でもオススメです。

# かんちオススメ！株価上昇を期待する優待株 [No.8]

燃費を向上させるパワートレイン部品が強みの自動車部品メーカー

## TPR | 6463 | 機械

[東証] プライム　　[株価] 2376 円　　[最低購入額] 約 23 万 7600 円

PER **10.7倍**　PBR **0.54倍**
EV/EBITDA **3.9倍**

### 直近10年の業績
増収 **8回**　営業増益 **4回**

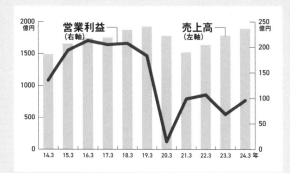

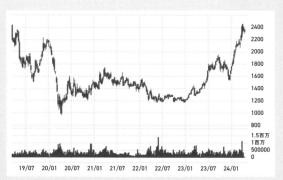

[優待]
**100株以上500株未満**
1年未満 お米券3kg 1年
以上 お米券4kg 3年以上
お米券5kg 5年以上 お米
券6kg
**500株以上1000株未満**
1年未満 お米券6kg 1年
以上 お米券8kg 3年以上
お米券9kg 5年以上 お米
券10kg
**1000株以上**
1年未満 お米券10kg 1年
以上 お米券13kg 3年以
上 お米券14kg 5年以上
お米券15kg

## 💬 かんちのひと言コメント

　パワートレイン部品に強みのある自動車部品メーカーですが、エンジン向けの部品で培った技術を生かして多角的な事業展開を図っています。けっして低配当とはいえないレベルのなか、2023年12月に優待の拡充を発表。それまでは保有株式数に応じてお米券3〜10kg分をもらえましたが、保有期間や保有株式数に合わせて3〜15kg分までもらえるようになりました。

## かんちオススメ! 株価上昇を期待する優待株 【No.9】

FX取引を専業とする金融先物取引業者

# ヒロセ通商 | 7185 | 証券業

[東証] スタンダード　[株価] 3285 円　[最低購入額] 約 32 万 8500 円

### PER **8.64**倍　PBR **1.18**倍
### EV/EBITDA **4.6**倍

### 直近10年の業績
増収 **7回**　営業増益 **5回**

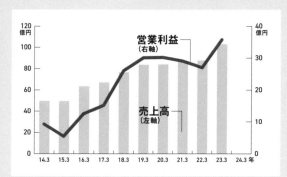

[優待]
100株以上1000株未満
キャンペーン商品
10000円相当
1000株以上
キャンペーン商品
30000円相当

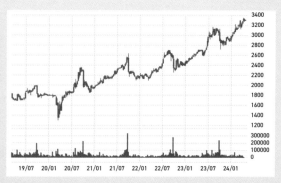

## 😊 かんちのひと言コメント

　業界最高水準のスプレッド（通貨の売値と買値の価格差）、豊富な取引環境を武器に、FX取引サービス「LION FX」を運営しています。この会社の優待はおもしろいです。「キャンペーン商品」となっていますが、自社でつくったインスタントのラーメンやカレーが大量に届きます。「両建カレー」や「爆益トレード乙カレー」など、ネーミングも独特です。

## かんちオススメ！ 株価上昇を期待する優待株　[No.10]

バイクやスクーターなど二輪車を主力とするメーカー

# ヤマハ発動機 | 7272 | 輸送用機器

[東証] プライム　[株価] **1440円**　[最低購入額] 約 **14万4000円**

PER **8.2倍**　PBR **1.27倍**
EV/EBITDA **6.2倍**

### 直近10年の業績
増収 **7回**　営業増益 **6回**

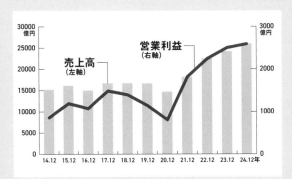

[優待]
グループ各社がある各地の名産品、二輪車、マリンレジャー関連商品など
100株以上500株未満
3年未満　1000ポイント
3年以上　2000ポイント
500株以上1000株未満
3年未満　2000ポイント
3年以上　3000ポイント
1000株以上
3年未満　3000ポイント
3年以上　4000ポイント
3000株以上(希望者のみ)
自社カレンダー

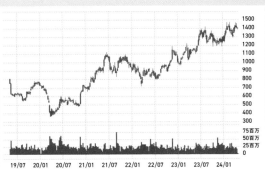

## 😀 かんちのひと言コメント

　バイクやスクーターのほか、ボートやヨットといったマリン製品やスノーモービルなどを製造・販売するメーカー。2輪車では世界2位の売上高を誇りますが、産業用ロボットや電動アシスト自転車も強化しています。優待品は自社カタログから選ぶのですが、全国各地の名産品やサッカーJリーグ・ジュビロ磐田の観戦チケット、ボートの優待券など、なかなか充実しています。

## かんちオススメ！ 株価上昇を期待しない優待株 【No.1】

配当利回り **0.19%** 権利確定月 3月・9月末

### まいたけやしめじなどきのこ生産大手

## 雪国まいたけ | 1375 | 水産・農林業

[東証] プライム　[株価] 1026 円　　[最低購入額] 約 10 万 2600 円

PER **26.5倍**　PBR **3.35倍**
EV/EBITDA **13.4倍**

[優待] (6カ月以上保有)
100株以上　3000円
300株以上　5000円
1000株以上　7000円　など

**直近10年の業績**
増収 **3回**
営業増益 **3回**

### 💬 かんちのひと言コメント

　社名の通りまいたけやエリンギ、ぶなしめじなどきのこの生産・販売のトップメーカーです。原料高が響き営業利益が伸びず、株価も右肩下がりになっています。ただ100株持っているだけで3000円分のきのこや関連商品が送られてきますから、相当な量になります。きのこ好きにはたまりません。

---

## かんちオススメ！ 株価上昇を期待しない優待株 【No.2】

配当利回り **0.36%** 権利確定月 3月・9月末

### 創業100年を超える長野県の建設会社

## ヤマウラ | 1780 | 建設業

[東証] プライム　[株価] 1404 円　　[最低購入額] 約 14 万 400 円

PER **9.8倍**　PBR **1.31倍**
EV/EBITDA **6.0倍**

[優待]
100株以上500株未満：3000円相当の地場商品群の中から1商品
300株以上1000株未満：3000円相当の地場商品群の中から2商品
1000株以上　3000円相当の地場商品群の中から3商品

**直近10年の業績**
増収 **7回**
営業増益 **6回**

### 💬 かんちのひと言コメント

　建設業とエンジニアリング事業の2本柱を強みとし、おもに長野県で事業を展開する建設会社です。地元を愛する企業らしく、優待は長野県内の企業の商品から選べます。ほぼグルメ商品で占められていますが、なかなか目にすることがないような商品も多く、満足度が高いです。

配当利回り
**1.50%**
権利確定月
2月・8月末

## かんちオススメ！ 株価上昇を期待しない優待株 【No.3】

「カラオケまねきねこ」を運営するカラオケ事業会社

# コシダカホールディングス | 2157 | サービス業

[東証] プライム　[株価] **936円**　　[最低購入額] 約 **9万3600円**

PER **13.2倍**　PBR **2.99倍**
EV/EBITDA **7.0倍**

[優待]
100株以上400株未満　3年未満　株主優待券2000円分　3年以上　株主優待券4000円分
400株以上1000株未満　3年未満　株主優待券5000円分　3年以上　株主優待券10000円分
1000株以上　3年未満　株主優待券10000円分　3年以上　株主優待券20000円分

### 直近10年の業績
増収 **8回**
営業増益 **8回**

### 💬 かんちのひと言コメント

　居抜き物件への出店に積極的で、全国各地に「カラオケまねきねこ」を展開しています。コロナ禍では業績がガクンと落ち込みましたが、コロナ禍の落ち着きとともに少しずつ売り上げを回復しています。株主優待は、やはりまねきねこの割引券。カラオケ好きには、ありがたいです。

PART
**3**

かんちオススメ！ 最強の高配当株×優待株

---

配当利回り
**3.67%**
権利確定月
3月・9月末

## かんちオススメ！ 株価上昇を期待しない優待株 【No.4】

エレクトロニクス機器に技術的な付加価値を加える技術商社

# 高千穂交易 | 2676 | 卸売業

[東証] プライム　[株価] **3735円**　　[最低購入額] 約 **37万3500円**

PER **27.1倍**　PBR **2.09倍**
EV/EBITDA **21.5倍**

[優待]
100株以上200株未満　お米券2kg
200株以上300株未満　お米券5kg
300株以上　お米券10kg

### 直近10年の業績
増収 **7回**
営業増益 **7回**

### 💬 かんちのひと言コメント

　万引き防止システムや監視カメラといった商材に"技術"という付加価値を加えて販売する商社です。なんと「ROE（自己資本利益率）3期平均8％達成まで配当性向100％」を標榜しており、株主に優しい会社です。配当利回りも悪くないですから、業績が横ばいであっても人気のある銘柄です。

## かんちオススメ！ 株価上昇を期待しない優待株 【No.5】

配当利回り
**3.13**%
権利確定月
3月・9月末

「骨なし魚」を主力とする業務用冷凍食品メーカー

### 大冷 | 2883 | 食料品

[東証] スタンダード　[株価] 1916 円　　[最低購入額] 約 19 万 1600 円

PER **14.0**倍　PBR **1.18**倍
EV/EBITDA **5.9**倍
[優待]
100株以上　自社商品2000円相当

**直近10年の業績**
増収 **6**回
営業増益 **5**回

### 💬 かんちのひと言コメント

「骨なし魚」のパイオニアです。業績はあまり伸びていないものの、病院や高齢者施設などからのニーズは高いです。優待は同社の商品で、毎年中身は変わりますが、2023年の優待はエビにさんま、フランクフルト。解凍せずに料理できるタイプでもあり、冷凍庫に入っているとけっこう重宝します。

## かんちオススメ！ 株価上昇を期待しない優待株 【No.6】

配当利回り
**0.85**%
権利確定月
3月・9月末

『スコッティ』『クリネックス』などをつくるの大手製紙メーカー

### 日本製紙 | 3863 | パルプ・紙

[東証] プライム　[株価] 1175 円　　　[最低購入額] 約 11 万 7500 円

PER **9.0**倍　PBR **0.33**倍
EV/EBITDA **22.7**倍
[優待]
100株以上　家庭用品詰め合わせ

**直近10年の業績**
増収 **5**回
営業増益 **3**回

### 💬 かんちのひと言コメント

あらゆる紙製品にかかわっている大手製紙会社。M&A（合併・買収）や海外進出にも注力しています。優待は同社の商品で、2023年はトイレットペーパーにティッシュ、キッチンペーパーでした。どの家庭でも絶対に使う生活必需品ですよね。だからこそ、届くと地味に嬉しいんです。

## かんちオススメ！ 株価上昇を期待しない優待株　【No.7】

配当利回り **1.97%**
権利確定月
6月・12月末

洗剤や歯磨き粉、ハンドソープなどの大手家庭用品メーカー

# ライオン ｜ 4912 ｜ 化学

[東証] プライム　[株価] 1373.5 円　　　[最低購入額] 約 13 万 7350 円

PER **20.6**倍　PBR **1.39**倍
EV/EBITDA **8.2**倍

[優待]
100株以上　自社製品詰め合わせ
（2025年より1年以上の保有が条件）

直近10年の業績
増収 **8** 回
営業増益 **6** 回

💬 **かんちのひと言コメント**

　言わずと知れた大手家庭用品メーカーですね。新しいことへの挑戦というよりは、既存分野への注力が目立ちます。なじみの深い会社だけに、優待品として送られてくるのもおなじみの歯磨き粉やハンドソープ、洗濯用・台所用洗剤などです。こちらも生活必需品なので、ありがたいですね。

---

## かんちオススメ！ 株価上昇を期待しない優待株　【No.8】

配当利回り **2.99%**
権利確定月
3月・9月末

男性用ヘアケア商品を主力とする化粧品会社

# マンダム ｜ 4917 ｜ 化学

[東証] プライム　[株価] 1340 円　　　[最低購入額] 約 13 万 4000 円

PER **27.4**倍　PBR **0.88**倍
EV/EBITDA **6.6**倍

[優待]
100株以上　自社商品詰め合わせ
（2025年より1年以上の保有が条件）

直近10年の業績
増収 **7** 回
営業増益 **5** 回

💬 **かんちのひと言コメント**

　整髪剤「ギャツビー」「ルシード」など、男性用の商品を数多く展開する化粧品会社です。コロナ禍での化粧品需要の落ち込みや原材料高などで一時大きく苦戦するも、少しずつ回復してきています。配当性向は40%としており、まずまずの水準。優待品として男性・女性用の化粧品がもらえます。

## かんちオススメ！ 株価上昇を期待しない優待株 【No.9】

**配当利回り 2.83%**
権利確定月 6月・12月末

### 不動産事業を中核に施設運営や人材サービスも展開する大手不動産会社

## 穴吹興産 | 8928 | 不動産業

[東証] スタンダード　[株価] 2000円　　　[最低購入額] 約20万円

**PER 5.7倍　PBR 0.58倍**
**EV/EBITDA 9.8倍**

[優待]
100株以上　オリジナル商品3000円相当　もしくは　公益財団法人への寄付(3000円)

**直近10年の業績**
増収 8回
営業増益 6回

### 💬 かんちのひと言コメント

　四国のマンション分譲でトップレベルの会社で、不動産事業や施設運営のほか、人材サービスや小売流通、エネルギーなどの事業を展開する不動産事業グループです。優待品は同社が運営しているさぬきうどん店のオリジナル商品などがカタログから選べるほか、公益財団法人への寄付も選べます。

## かんちオススメ！ 株価上昇を期待しない優待株 【No.10】

**配当利回り 4.31%**
権利確定月 3月・9月末

### バンダイナムコ系列のエンターテイメント商材の大手

## ハピネット | 7552 | 卸売業

[東証] プライム　[株価] 2900円　　　[最低購入額] 約29万円

**PER 9.9倍　PBR 1.29倍**
**EV/EBITDA 5.8倍**

[優待]
100株以上500株未満　優待カタログから1品
500株以上1000株未満　優待カタログから2品+こども商品券2000円分
1000株以上　優待カタログから3品+こども商品券5000円分

**直近10年の業績**
増収 7回
営業増益 7回

### 💬 かんちのひと言コメント

　玩具やキャラクター商品といったエンターテイメント商材を扱う業界最大手です。「鬼滅の刃」「妖怪ウォッチ」などの商材を取り扱うほか、オリジナル玩具などにも注力しています。2023年の優待は、ミニカーや「すみっコぐらし」のおもちゃ、Nintendo Switch用ソフトなどがラインナップされていました。

# かんち流
# 「買い」「売り」
# 9つの法則

# いつ買って、いつ売るか？

　私はあまり株価を気にしません。そりゃまぁ本音の本音をいえば、上がれば上がるほどいいのですが、下がったところであまり動じないのです。「それはメンタルが強いからであって、普通は気になるでしょ」と感じる人もいるかもしれませんが、それは違うのです。

　**私は、そんなにメンタルは強いほうではありません。**

　それなのに株価が下がっても動じないのは、私の投資手法が株をあまり頻繁に売買せず、持ち続けている"超"長期投資だからです。「いくらまで増えたら売る」「いくら損したら売る」という基準で売買したりしません。**買った株は保有し続けることを基本としているのです。**

## 📖 頻繁に売買して結果的に損する人

　ちょっと株価が上がったところで売ってしまい、その後もっと上がってしまって後悔する……というのは利益を得ているのでまだいいとしても、その成功に味を占め、信用取引で高いレバレッジをかけた結果、資産を失った人も、私はたくさん見てきました。

　いうなれば、個人投資家は**"海に漂うクラゲ"**のようなもの。波が高くなれば自分もその波と一緒に浮上しますし、波が落ち着けば自分も落ちつきます。

　その波にあらがっても、ただ体力を消費するだけですし、株価の上

下動にいちいち一喜一憂していては、とてもメンタルは持ちません。

**市場の流れに逆らわないことが、メンタルが強くない人でも投資を続けて資産を形成する1つの秘訣です。**

さて、買った株は"握り続ける"ことが基本だといいましたが、では次に「いつ買って、いつ売るのか」について説明しましょう。

買う基準については、おもに3つのパターンがあります。

### 株を買う①
## 高配当の株を買うとき

高配当株を買う5つのステップについては、PART1で説明した通りですね。「この株はよさそうだし、割安感もある」と思えば、そこでとりあえず買って、その後も「やっぱりいい」と思ったら買い増します。

「自信がない」と思えば、そこで買うのをやめてしまいます。

なお高配当株を選ぶとき、人によっては「この企業は業績がいいから、近いうちに増配する可能性が高い。そうなれば株価も上がるはず」と考えて買う人もいると思います。

**私の場合は、過去の配当履歴をチェックして、「業績が上がっているのに増配しない株」は買いません。** そんな銘柄を保有することは、私にとってストレスになるので、手を出さないのです。

もちろん、過去の配当履歴をチェックして「買わない」と決めた企業が、後に増配することも珍しいことではありません。でも、それは「結果論であり、仕方のないこと」と割り切っています。

## 株を買う②
## 狙っていた株の株価が下がったとき

①で「この株いいな」と思ったとしても、「株価が高すぎる」と感じた場合には買いません。新規に買うこと自体をあきらめるのではなく、その後、なんらかの悪材料（80ページ参照）が出るなどして株価が下落し、安くなったところで買いにいきます。

買い増ししたい株に関しては、「ここまで下がったら、これだけ買おう」と前々から決めておき、その価格まで下落すれば淡々と買い進めます。もちろん、このやり方だと、株価がずっと右肩上がりだと買えなくなってしまうので、今後も上昇が見込めると思えば、株価が上がっていても買うこともありますが、それはごくまれなケースですね。

**つまり、相場が横ばい、上昇しているタイミングでは、あまり買うことはありません。**

基本的に“高値づかみ”になってしまう可能性が高いですから。株価が下がったときこそ、“買うべきタイミング”なのです。

## 株を買う③
## 優待が新設され、その優待がどうしても欲しいとき

魅力的な優待が新設されると、ついついその株に投資したくなります。たとえば最近では、人材サービス大手・ディップ（2379）の株ですね。100株以上500株未満でオリジナルクオカード500円相当、500株以上でオリジナルクオカード1000円相当をもらえま

すが、そのクオカードは同社ブランドのアンバサダーで米メジャーリーグ・大谷翔平選手がデザインされているのです。

　優待族として、これを逃す手はありません。2024年2月27日が権利付き最終日でしたから、どうしても2月中に買う必要があり、実際に400株購入しました。

### 📖 株価が下がったら喜ぶワケ

　次に、株の売却についてです。私は基本的に、どれだけ評価損額が膨らんでも、株価の上下動で売ることはありません。

　もちろん、あまりに値上がりしてしまい、「あきらかに企業の実力以上に株価が上がっている」と思えば、売ってしまうことはあります。前述したように株価が下がったら下がったで、また買い直せばいいだけですから。でも、そういうケースは少ないです。

　**高配当株は持っていれば配当金が入るわけですから、「まだ業績が伸びる余地がある」「このままの配当を維持してくれる」と思えば、どれだけ株価が上がっても握っている（保有し続ける）のです。**

　何度も言っているように、株価が下がったときは、絶好の買い増しチャンス。「株価が下がってしまったから、損切りしよう」ではなく、**「株価が下がった！ これで買いやすくなった」**と喜ぶのです。ですから、暴落時がいちばん燃えます（笑）。

　株価が上がれば評価益が膨らんで嬉しいし、株価が下がれば買い増せるから嬉しい。こんなふうに投資をすることが、楽しく投資を続けられる大きな秘訣だと思います。

あまり売ることはないとはいえ、保有している株を売却するタイミングとしては、6つのパターンがあります。

### 株を売る①
## 高配当株が高配当でなくなったとき

高配当企業の業績が下がって、株価が下がったとしても、配当額がそのままであれば、高配当のままですよね。それは、会社が「株主にこの配当額を維持したい」と思っている意思の表れですから、そういう姿勢の会社は株主として評価できます。

一方、業績が上がって、株価が上がったとしても、配当額が変わらなければ、それは以前と比べて低配当になります。そうなれば、私は売ってしまいますね。

そして、売却した資金を別の高配当株に回すのです。

なお、減配になったとしても、税引き後の利益である「当期純利益」が落ち込んだことによる減配であれば、1株当たり配当額を1株当たり当期純利益で割って求められる「配当性向」はそう変わらないはずです。

どの企業も自社の配当性向を定めているため、業績が落ち込めば、減配になることもあるのです。そのような企業は、また業績が回復すれば増配になるはずなので、売ることはありません。

また、ビジネスモデルに問題が生じていなければ、設備や研究開発などへの先行投資で、一時的に減益となることがあるのは仕方ありません。

## 株を売る②
### 優待株の優待がなくなったり、改悪されたとき

この売却基準を目にして、「優待の改悪なのであれば、悪くなったとしても優待はあるのだから、そのまま持っていてもいいのではないか？」と思った人がいるでしょう。

**これは私の持論なのですが、「株主優待を一度でも改悪するような企業は、その後もどんどん改悪を続け、最後には廃止する」という可能性がとても高いと思っています。**

仮に経営者が代わったとしても、"そういうことをする会社のDNA"というのは、そう簡単に変わらないもの。その企業に対する信頼が、なくなってしまうのです。

なので、程度によるところはありますが、1回でも改悪された優待株は、基本的に売る方向で考えます。とくに、優待品として送られてくる金券が半分になったり、金券が割引券になったりした場合は、かなり警戒します。

もう翌日、朝一に「成行」で（値段を指定せずに）売ってしまいますね。

具体例でいうと、健康食品大手のAFC-HDアムスライフサイエンス（2927）。優待は自社商品から好きなものを選べるのですが、1000株持っていれば、2016年には年6万円分もの商品を選ぶことができました。しかしその後、年3万円、年2万円と改悪され、いまでは年1万円になってしまいました。

そのほか調味料や健康食品素材の焼津水産化学工業（2812）は、それまで100株以上持っていれば保有期間が1年未満でも2000円相当の自社関連商品をもらえていたのに、2020年に「自社関連商品を優待価格で購入する権利」に改悪されました。

　その後、株主優待そのものがなくなってしまいましたが、このように改悪を発表する企業は少なくないのです。

　優待の改悪を理由に一度売ってしまった銘柄は、その後買うことはまずないです。また、600銘柄以上保有していても、ダメだった銘柄は印象深いので覚えているものです。

　**少し難しいのは、高配当株と優待株は必ずしも別物ではないということ。私がいちばん好きなのは、「高配当株×優待株」です。**

　そんな株の優待がなくなったときは、少し検討が必要です。たとえば、優待族に人気が高かったオリックス（8591）。全国各地のオリックスグループの取引先が扱う商品を厳選して、オリジナルのカタログギフトを送付しており、優待族にとっては“欠かせない銘柄”でした。

　しかし、そんなオリックスが2022年5月、株主優待制度の廃止を発表したのです。ただし、優待廃止は約2年後の2024年3月末。それまでは、しっかりと優待をくれるというわけです。

　なかには優待廃止の発表と同時に優待を送ってくれなくなる**“詐欺のような会社”**もありますから、オリックスの姿勢は株主として非常に好感の持てるものです。

　またオリックスの場合、優待廃止時点での配当利回りは3%程度と、そこまで「高配当株」とはいえませんでした。しかし同社は、「今後は配当等における利益還元に集約する」と表明。その言葉通り、年間の配当額は2022年3月期で85.6円だったところ、2024年3月期では94.0円と予測されました。

　2024年4月1日時点での予想配当利回りは3.33%と、やはりそこまで「高配当」とはいえなくても、そこまで悪くもない。こうなれば、「とりあえず優待廃止までは持っていて、その時点で配当利回りが低ければ売る」といった判断もありえます。

## 株を売る③
## ほかの株を買うとき

　私の投資は、証券口座内のお金のほとんどを株に回す「フルポジション」のスタイルです。つまり、新しく株を買うための現金に余裕がないのです。だからこそ、「これはいい！」と思った株を買おうと思ったら、基本的には保有株を売る必要があります。

　前述したように、とりあえず「信用取引」で買ってしまうこともあります。売却する銘柄に関しては、配当金が入ってくる時期であれば、「現引き」をしますし、配当金が入ってこない時期であれば、保有銘柄を配当利回りが低い順に並べて、低い銘柄から売ると決めています。

　ちなみに現引きとは、信用取引による買い付けをするとき、買い付け代金を証券会社に渡して融資を返済し、担保にした買い付け株券を引き取ることをいいます。

「利益の出ている株から次々と利益を確定したほうがよいのでは？」と考える人もいるかもしれませんが、そのやり方では、うだつの上がらない銘柄ばかりのポートフォリオになりかねません。

「テンバガー（10倍株）の教祖」と呼ばれた米ファンドマネジャーのピーター・リンチ氏は、「花を引き抜き、雑草に水をやる」ような投資を戒めましたが、まさにその通りだと思います。

含み損を抱えた銘柄（雑草）を間引くことで、大輪の花を咲かせることが肝要なのです。

つまりここでは、「買う」タイミングと「売る」タイミングは、ほとんど同じ。新しい株を買えば、低配当の株を売ることになるわけですから、買えば買うほどポートフォリオがよくなっていくのです。

## 株を売る④
# TOB（株式公開買い付け）が行われるとき

TOB（Takeover Bid）は、買収の対象となる企業の株式を一斉に買い取ることで、その企業の経営権を取得する手法を指します。A社の株が欲しいB社が、A社株の株主に対して買い付け価格や期間を公告し、取引所外でA社の株を買い集めるケースが多いですが、A社の経営陣が自社を非公開化する目的で自社株を買い集めるMBO（経営陣が参加する買収）も増加傾向にあります。

TOBでは、株主が投資家に「その条件ならA社の株を売ってもいい」と思ってもらえることが必要ですから、一般的には直近の株価に「プレミアム」と呼ばれる株価の上乗せが行われます。

**TOB価格は、市場株価を3〜4割上回るのが一般的なようです。**
2023年7月13日、EV（電気自動車）部品を手がけるニデック（6594）が、岡山県を地盤とする工作機械メーカーのTAKISAWAに対して、TAKISAWAの同意がないままTOBを予告。その2か月後にTAKISAWAはTOBを受け入れると発表しましたが、その買い付け価格は買収提案直前の株価の約2倍となる2600円でした。

この発表を受け、同月19日にTAKISAWAの株価は一時2588円の高値をつけました。このようにTOBの実施が公表されると、株価が大きく上がるケースが多いんです。**株主にとっては、株価が上昇する可能性が高いわけですから、TOBの発表はかなりラッキーであるといえます。**
そんなTOBは、けっして珍しいものでもありません。2023年のTOB件数は74件で前年度より15件増え、14年ぶりの水準で活発化しています。

しかし、TOBに応じるには指定された指定の証券会社にわざわざ口座を開き、手続きを進めなければならないため、若干面倒であることも事実です。そこで、私はその手続が面倒なので、もう市場で売ってしまうことにしているのです。
もしその株を数万株単位で持っていれば、10円や20円の差益でもTOBに応じることでそこそこの利益を得られますが、私はそこまで多くの株数を保有しているわけではありません。手間を考えると、市場で売ってしまったほうがラクなのです。

## 株を売る⑤

## 「ここまで上がるワケがない」というくらい株価が急上昇しているとき

　これはとくに高配当株にいえることです。株価というのは、業績や材料と正しく連動しているわけではありません。あくまで、**「この業績や材料であれば、株価は上がる（下がる）はずだ」**という"投資家の思惑"によって売買され、株価が変動します。

　私くらい経験が長ければ、とくに主力株にしている長年注視している銘柄だと、「この業績（材料）だと、だいたいこれくらい値上がり（値下がり）するな」と見当がつきます。

　ただ、買いが買いを呼び、明らかに"高すぎる"レンジまで買われることもあります。そんな場合にはいったん売って利益確定して、また下がってきたところで買い直すこともあるのです。

## 株を売る⑥

## トレンドが変わるとき

　これも、とくに高配当株にいえることですが、前述したように私は景気によって左右されやすい**「シクリカル（景気敏感）株」**を得意としています。市場のトレンドが変わることで、株価が上下しやすい株でしたね。

　優待株であれば、基本的に優待がもらえる最低単元だけしか持っていないので、株価が下がってもそこまでポートフォリオには影響がありません。しかし、主力株で株価ががくんと下がると、さすがにポートフォリオに影響が出てきますからね。

たとえば私がいまたくさん保有している銀行株では、金利上昇が止まったり、買いが殺到してPBR1倍を超えたら売るでしょう。

⑤⑥にはいくぶん自分の判断が入ってくるので、①〜④よりも機械的には実施できませんが、⑤⑥の売却はある程度自信を持って買い増した主力級・準主力級の銘柄が基本です。

# 「売らない」と決めて
# ストレスから解き放たれる

投資をしている人、しようとしている人のなかには、「1年でテンバガー」「数年で"億り人"」を目指す人が多すぎる印象です。**「リスクを背負ってでも短期間で大きな資産をつくる」**と人生の賭けに出る人を批判するつもりはありませんが、やはり投資は時間をかけてじっくりと増やしていくことが"王道"だと私は思います。

成長（グロース）株は、私が保有している高配当株よりも、値上がり率が高い銘柄が多いのは事実ですが、裏を返せば値下がり率も高いわけです。テンバガーになる銘柄があるということは、10分の1になる銘柄もあるということ。つまり、やっていることが投資ではなく、投機（バクチ）に近いのです。

投資家のなかには、**「いくらまで株価が上がったら売る」「いくらまで株価が下がったら損切りする」**というように判断基準を明確にして、

機械的に売買している人もいます。そういう人は、株価の上下動に一喜一憂することになりがちですが、上がれば楽しいけれど、下がればつらいですよね。

「値上がりすれば利益確定」「値下がりしたら損が広がりすぎる前に損切り」という投資手法は、結局のところ「どこまで上がったら売ればいいのか」「どこまで下がったら売ればいいのか」を自分で判断する必要があります。結局、この基準設定が難しいんです。

人間はついつい欲を出してしまう生き物ですから、上がれば「まだ上がるかもしれない」と思い、売り時を逃してしまう。下がれば「すぐに戻ってくるかもしれない」と思い、やはり売り時を逃してしまう。そういうものなんです。

天井や底で売買できることはほぼありませんから、「いま売るんじゃなかった」と後悔してしまうケースもよくあります。

## 📖 株式投資の３つの難しさ

でも、「基本的に売買しない。マイナスになってもいい」と腹を括っておけば、株価の上下動でそこまでのストレスはかかりません。

私の保有銘柄にも含み損を抱える株が少なくありません。でも、600以上の銘柄を保有しているわけですから、それは当然の話です。優待がもらえる最低単元しか持っていないものも多いので、そこまで影響もありません。

また私は、株価が下がっている途中で買うことが多いので、底値付近で買えることも多いものの、そのまま下がっていってしまうことも珍しくありません。買ってしばらくは、評価損が続くこともよくあり

ます。だから、もし株価の上下動で売り買いしていたら、かなり多くの株を売らなければならなくなります。

株価が上がれば嬉しいですし、株価が下がったとしても、配当を出してくれる限りは保有し続ける。そのうち、また株価が戻ってくるかもしれません。株価の上下動に焦って売り買いするのが、いちばんダメなやり方です。

**株式投資で難しいのは、「どの銘柄を買うか」「いつ買うか」「いつ売るか」に集約されます。なかでもいちばん難しいのが「いつ売るか」だといっていいと思います。**

相場の格言で「頭と尻尾はくれてやれ」というものがありますが、株を最高値で売ろう、あるいは最安値で買おうと思うのは無茶な話です。それなのに株価が判断基準になっていれば、「もう少し持っておけば……」との思いをいつも抱えることになります。

性格にもよるとは思いますが、多くの人にとって「いつ売るべきか」を考える生活はストレスになるのではないでしょうか。

私の手法では基本的に「株価の上下動での売買は考えなくていい」のですから、かなり精神的な負担も少ないのではないかと思います。いま挙げたようにまったく売買しないわけではないですが、売買すればするほど配当金が増えるようになっています。

私のやり方でいうと、もっともポートフォリオが入れ替わるのは暴落時。割安な株がゴロゴロ現れますから、腕が鳴ります。

# FIRE後のリアルライフ

　私は消防士を辞めるとき、私のこれからの人生を心配してくれる上司に対し、「株で儲けて2億円くらいありますから、大丈夫っす！」なんてことは、さすがに言いませんでした。しかし、安心してもらうために**「働かなくても生活に困るわけではないので」**とだけ告げて早期退職しました。

　消防士の仕事がイヤで辞めたわけではないので、いまでも当時の同僚との仲はいいです。上司からは「ほかの仕事に就くと、消防のつき合いもなくなるぞ」と言われましたが、「いや、私はもう働くつもりがないので、いつ呼ばれてもつき合いますから」なんて言ってました。

　有言実行で、消防士を辞めてから一度も働いたことはありません。どこかで働くくらいなら、消防士を続けたほうがずっと居心地がよかったので、働くつもりはありませんでした。そして年に数回は、当時の同僚と焼肉に行ったり、私の自宅でパーティーを開いたりしています。

## 毎日が日曜日

　ここで"FIRE後の生活"について、少しお伝えしたいと思います。まずFIREをする条件としては、**「働かなくても、しばらくは生活が成り立つ」という状態では不十分です**。生活費のすべてを資産運用から捻出し、それでも毎月お金が増えていく状態が実現されていることが必須だと思います。

まずオススメできないのは、相場の調子がすこぶるよいときにFIREしてしまうこと。「暴落が起きたとしても生活していける」と思えたときが、ようやくFIREをしていいタイミングです。

私は49歳で早期退職をしましたが、そうなると"毎日が日曜日"の状態です。やることが決められているわけではないですし、私の投資手法では、市場が開いている間ずっとパソコンとにらめっこしている必要もありません。

## 1か月も経つと退屈に……

自分で時間の使い方を決めていかなければなりませんが、これがけっこう難しいことなのだと、私は早期退職してから実感しました。もとから丸一日家にいることも多かったので、「生活がそう大きく変わることはないだろう」と思っていましたが、やはり仕事がある生活とない生活では大きく変わるものです。

最初は毎日遊ぶことが楽しかったのですが、退職して1か月も経つと、日々の生活に退屈を感じるようになっていきました。ずっと遊んでいると、最初は「楽しい」と思っていたことでも、その楽しさすら当たり前のようになってしまうんです。

そこでまず私がしたのは、**生活リズムをきちんと整えること**。いまは月曜から金曜まで、決まったルーティンで生活しています。

まず朝7時30分ごろに起きて朝食を食べ、9時から1時間だけ株式市場を確認、それからスポーツジムに行きます。ジムではストレッチ

をしてから、1時間半ほどテニスのスクールを受講しています。

テニスは運動不足解消のため、最近になって始めました。「60の手習い」を地でいっているわけです。

そしてジムでランチを食べます。といっても、シリアルバー1本とプロテインといった本当に簡単なものですけどね。それからプールで軽く体を動かしてからサウナに入り、シャワーを浴びてストレッチをして帰ってくる。たまにトレーニングマシンを使って筋トレすることもあります。テニスコートもプールも屋内なので、雨が降っていても問題なし。ありがたいですね。

こうやって過ごすと帰宅が14時過ぎ〜15時ごろになるので、15時までの株式相場（後場）を少しだけ見ます。**なお、ジムに行っている間は、株価をチェックすることはありません。**

それから自宅のリビングで、ゆっくりしながらNetflixのコンテンツを楽しみます。映画もドラマもアニメも、なんでも見ます。私は車が好きなので、最近見たなかでは、公道レースをテーマにしたアニメ「MFゴースト」がよかったですね。うちのテレビのリモコンは、ボタン1つでNetflixもYouTubeもU-NEXTも見られるので非常に便利です。

ちなみにU-NEXTを展開するU-NEXT HOLDINGS（9418）も、株を持っていればU-NEXTの利用料に換えることができる優待をもらえます。

## 8〜10時間しっかり寝る

さて、Netflixを楽しんでから夕飯を食べ、ブログの下書きをするこ

ともありますが、早ければ22時には寝ます。昼ご飯を軽く済ませているからか、夕食をしっかり食べると、すぐ眠たくなるんですよね。なので1日最低8時間、長ければ10時間程度しっかり寝ています。

このように生活リズムを整えたところ、生活のクオリティは格段に上がりました。全員が全員そうだというつもりはありませんが、FIREした多くの人は私と同じ気持ちを抱くのではないかと思います。

また私の場合、ジムに行くことで副次的な効果もありました。平日の昼間にジムにいるような人というのは、私と同じような境遇にある人が多いんです。要するに、**「お金と暇はあるけど、やることはない」**という人たちですね（笑）。社長さんも大勢いらっしゃいます。

そのジムで出会った人たちとは、株の話で盛り上がることもあります。「証券会社の言う通りにお金を預けている」という人もいますし、「この銘柄はいいよ」と教えてもらうこともあります。

なかには、「ジムで運動しないで、話をしにきているだけじゃないか？」と思うような人もいますが、それでいいんでしょうね。仲はいいですし、私の趣味である旅行も、このジムで知り合った人たちと行くこともあるくらいです。

身体も鍛えられて心身が健康になるうえ、コミュニケーションもとれる。仕事を辞めると日常で会話をする相手がぐっと減りますから、気軽に話せる相手がいることも精神的にいいですね。**ぶらぶらしてやることがないというくらいなら、私はジム通いをオススメしますよ。**

## 畑を任せてスイカ100個⁉

　家庭菜園で、できる野菜も楽しみの１つです。といっても私が育てているのではなく、知人に畑の草を抜いてくれるようお願いしたら、「何か植えていいか」と聞いてきたので任せているだけですけどね。

　放っておいても業者にお金を払って草を抜いてもらわなければいけませんし、それにお金を使うくらいならと「好きにしていいよ」といったところ、本当に好きにしています。マメに何かを育て、育ったところで「そろそろ収穫の時期だよ」と連絡がくるのです。

　**けっこう大きな畑で、スイカだけでも100個くらいはとれます。**売るつもりがないので不格好ですが、美味しいですよ。せっかくの畑を有効に活用してもらえるうえに、新鮮な野菜が食べられて、育てているほうは趣味で農業ができて、必要なお金はすべてこちら持ちなので、お互いにとってWin-Winだと思っています。


　その人からはよく釣りに誘われることもありますね。「釣りたい魚の餌から釣るぞ！」なんて言われて朝早くから連れ出されることも。近くに河口堰ができて、釣れる魚が減ってからは回数が減りましたが、そんなふうに毎日を楽しんでいます。

## リタイア後の夫婦関係のリアル

　ジムには行きつつ毎日家にいるわけですが、妻との関係性もとくに変わりません。定年後に夫婦関係が悪くなると聞くこともありますが、もともと会社員で平日はずっといなかった夫が急にずっと家にいるよ

うになり、「おい、昼ご飯つくってくれ」なんて上から目線で言ったら、そりゃあ奥さんもイヤになりますよね。1か月くらいが我慢の限界でしょう。

その点私の場合、もともと週4日か5日は家にいたわけですし、**昼ご飯は別々に食べるなど、なるべく負担をかけないようにしています**。きっとこのような気遣いが必要なのは、定年後も同じ話ではないでしょうか。

ちなみに早期退職してから、しばらくは妻も「世間体も悪いし、働いたら」と言っていましたが、次第にあきらめました。ただ、もともと家にいる時間のほうが長かったので、近所の人が私を見かけても「あぁ、今日は非番なのね」としか思っていなかったかもしれません。

そしてもう60歳を過ぎていますから、そのうちに「あぁ、定年したのね」と思ってもらえるのではないかと感じています。

私の場合、消防士として勤めているときにも家にいる時間は長かったですし、働かずに家にいる自分が退職前からある程度は想像できていたつもりです。それでも、**自堕落な生活は案外続かないし、していても楽しくなくなるものです**。

FIREを夢見る人は、ぜひその目標に手が届きそうになったあたりでFIRE後の生活について、じっくり考えてみることも必要だと思います。

# 生活費をすべて
# 株でまかなう
# 投資術

## 買い物も外食もすべて優待券を駆使

　私は生活費をすべて配当金1500万円でまかなっていますが、そのうえで普段の買い物も外食もすべて優待券を駆使しており、家族（妻と子ども2人）も優待株を持っているので、かなり支出を抑えられています。だから「高配当株×優待株」を優先的に保有しているのです。

　優待株というと、**「優待があるがゆえに人気があるけれど、そんなに株価は上がらない」**というイメージを持っている人がいるかもしれません。

　たしかに1年で株価10倍（テンバガー）になるような激しい値動きをする銘柄はほとんどありませんが、長年保有しているうちにテンバガーに化けるケースはあります。

　これまで私の保有株でも、健康保険組合の業務代行などを手がけるバリューHR（6078）、自動車コーティング剤のKeePer技研（6036）、飲食店「焼肉きんぐ」を展開する物語コーポレーション（3097）、女性向けスポーツジムを運営するカーブスホールディングス（7085）などがテンバガーになっています。

　**私のポートフォリオにある高配当株や優待株は、買ってから株価が2～5倍ほどになっている銘柄が多いです。**

　私は頻繁に保有株を売却することはないのですが、買ってから株価

が5倍以上になると、高配当株なら利回りが低下して高配当ではなくなるのでいったん売却したり、優待株にしても「これだけ株価が上昇したならいったん売却して、ほかの優待株を買ったほうがいい」という判断をしたりすることもあります。

そのため、売らずに持っておけば株価が2〜5倍以上に育っている銘柄もあるのですが、その前に売却しているケースがあるのです。

## 機関投資家と個人投資家の違い

個人投資家が株式市場において、投資顧問会社・信託銀行・年金基金といった巨額の資金を運用する機関投資家と真っ向勝負したとしても、なかなか勝てるものではありません。その一方、機関投資家は「優待」に興味があるわけではありません。

1000株でも10万株でも優待内容はたいして変わらないので、機関投資家にとってみれば、株主優待は資金効率からして注目に値しないのです。

一方、個人投資家にとっては、これほどオイシイ話はありません。株価が上がれば利益を得られるうえに、毎年毎年、スーパーやドラッグストア、レストランなどの優待券が手に入るのですから。しかも、基本的には最低単元（100株）さえ持っていればいいわけですから、保有株数が少ないほど実質的な配当利回りも高くなるわけです。

**あれもこれも欲しいとさまざまな銘柄を買うことで、いつの間にかリスクを抑えられる分散投資になっている。こんなにも個人投資家に有利な優待株を利用しない手はないでしょう。**

## ほったらかした元手800万円がいくらになったのか?

　私は第2子が生まれたとき、2人の子ども名義での証券口座を開きました。そして年間100万円ずつ、子どもの口座で優待株を購入。それを8年間続けたのです。なぜ8年かというと、リーマン・ショックによって自分の資産が半分になったため、子ども名義で株を買う余裕がなくなったからです。

　つまり、元手800万円で、2008年以降はまったく入金していないわけです。その証券口座は、2024年現在どうなっているか?　**ほったらかしにもかかわらず、元手800万円が実に評価額6500万円ほどにまで膨れ上がっています。**

　子どもたちには、**「ほったらかしにしておけば、そのうち1億円になるから、なるべく売らないようにしておけ」**と言っています。いまのところ、売ってはいないようです。その口座は「高配当株×優待株」が中心で、それぞれ300銘柄ほどあります。

# チェックするべき 3つの指標

　さて、私が保有している優待株については2種類あります。108ページで紹介したように「株価上昇を期待する優待株」と「株価上昇を期待しない優待株」です。

　**株価上昇を期待する優待株で見るべき指標は、「売上高が毎年伸びて**

いるか」「利益が伸びているか」「連続増配しているか」の3点です。

値上がりする優待株は「成長（グロース）株」ともいえますから、株主優待がなくなったり改悪になったりしても、そのまま保有します。

一方、株価上昇を期待しない優待株を保有する理由は、**「株主優待のよさ」** に尽きます。優待株は、たとえ株価が下がっても、優待が評価されて、そこまで大きく値を下げないことが多いです。

**資産形成するうえでは、資産を"増やす"ことも重要ですが、資産を"減らさない"ことも重要。その点で、大きく値崩れすることの少ない優待株は非常に優秀なのです。**

# コメや金券など優待品で日常生活をまかなう

私は日常生活で必要なものの多くを優待品でまかなっていると言いましたが、具体的にはこんな感じです。

スーパーでの買い物は、イオン（8267）系であれば、優待の合わせ技で毎日15％ほどの割引に。ドラッグストアでの日用品の買い物は、「Tポイント」がお得に活用できるウエルシア（＝ウエルシアホールディングス：3141）の「お客様感謝デー」で買うと決めています。

**優待では、もらったポイントをTポイントに換えられるものもあるので、それだけで1年分の日用品を買うことができます。**

家電製品の買い物は、エディオン（2730）やヤマダ電機（ヤマダホールディングス：9831）、ビックカメラ（3048）の優待で、高額なものでなければほぼ無料で手に入ります。

　家具も、ニトリホールディングス（9843）の優待で少し安くなりますし、携帯電話もTOKAIホールディングス（3167）の株で、格安モバイルサービスをさらに優待で割り引いてくれます。

　私が住んでいる地域では自家用車は必需品ですが、ガソリンだけでなくエンジンオイルの交換や車検など、なんだかんだとメンテナンス費用がかかります。そこでわが家では78ページでふれたようにイエローハット（9882）株をじつは家族みんなで保有し、その優待券で車検などのメンテナンス費用などをまかなっています。

　コンビニでの買い物やガソリン代も、優待でもらった「クオカード」で払えますし、書籍を買うにも優待の図書カードを使います。**つまり優待品で、日々削るわけにはいかない生活費をぐっと抑えることができているのです。**

### 🗃 株主優待で妻へプレゼント

　コメも毎年たくさん届きます。少し前までは80kgくらいのコメが届いていましたが、食べきれないので少し減らして、いまは60kgほど届くように調整。コメは温度が高いと傷みやすくなるので、少し涼しい場所にまとめて保管しています。

　ちなみに優待で届くコメは、「魚沼産コシヒカリ」が多いです。どの会社も株主には高品質のコメをくれるんです。

**大量に届く株主優待品で多くの生活費をまかなっています**

　こうした優待のおかげで私も妻も、コメの味にはうるさくなりました。精米後すぐのコメがやっぱりおいしいです。あまり長期で持ち続けていると、やっぱり味が劣化します。

　私は国内外の旅行が趣味ですが、とくに国内旅行については優待を駆使しています。リソルホールディングス（5261）やサムティ（3244）、サンフロンティア不動産（8934）などは優待で宿泊券をくれるので、国内旅行をするときの宿泊費はほとんどかかりません。

　妻の誕生日プレゼントにも、優待を活用しています。髙島屋（8233）では、100株以上500株未満で、利用限度額30万円ではありますが10％引きの優待券をくれます。さらに、毎月３万円を積み立てると、１か月分（３万円）をプラスした金券をくれる仕組みもあります。

1年分（月3万円×12か月＝36万円）プラス1か月分（3万円）で39万円、さらに30万円の10%引きでプラス3万円、つまり髙島屋で年36万円積み立てると、42万円分の金券が使えるというわけです。これは、かなりお得ですよね。

　毎年、妻の誕生日には、この42万円分の金券で、なんでも好きなものを買っていいことにしています。ただ最近は、「金券が貯まりすぎているから、現金でちょうだい」と言われることも……そこで2023年の妻の誕生日には、その希望に沿って現金50万円をプレゼントしました。

　**家族が欲しがる優待品をくれる銘柄を買うこともあります。** 妻が希望するのは、化粧品やシャンプー。会社としてはあまり評価できなくても、優待をもらうために株を買うこともあるんです。

　いまは資金にある程度余裕があるので、「この優待は欲しくないから買わない」といった選択もせず、片っ端から買っています。そのため、妻には「シャンプーが多すぎる」「砂糖はこんなにいらない」などと言われ、減らすこともあるくらいです……。

　シャンプーは、5年分くらいストックがあるんじゃないでしょうか。ヘアサロンを展開するAB&Company（9251）は、100株持っていれば、自社のオンラインストアで使える割引券を8000円分、500株持っていれば2万4000円分くれます。

　この株を家族4人で保有していれば、最低単元の100株ずつでも3万2000円分、500株ずつ持っていれば年9万6000円分のシャンプーを買うことができます。しかもサロン品質なので、かなりいいんですよね。それが段ボールで送られてくるわけですから、相当な量になるのです。

## 📖 わかりやすい株の恩恵

　優待の種類は実に豊富です。コメ・レトルト食品などの現物に自社製品・金券・割引券・カタログギフトなど、どれもそれぞれのよさがあります。

　外食やスーパーの優待券が届き、日々の買い物が安くなる。コメが届いて食費が浮く。ホテルの優待券で安く旅行ができる。しかも、毎年新しい優待が増えていくことで、家族にもなんとなく「株で儲かっている」ことを実感してもらえるでしょう。

　そもそも家族全員が、株式投資に理解があるかといえば、そうとも限りません。自分は株がやりたいのに、家族が「株なんてやめて」と反対しているという悩みを抱えている人も少なくありません。

　「株≒ギャンブル」という図式がどうしても根強いんですよね。

　**そんなふうに思っている家族に「株は大丈夫」と理屈っぽく説明しても、なかなか伝わりません。しかし、優待株であれば、株の恩恵が目に見えるので、これはなかなか効果的なのです。**

　私も妻との外食では、優待券を使うことが多いです。妻はもともと、それほど外食が好きではありません。それよりも、「いい食材と調味料を使って、自分で料理をつくるほうが好き」というタイプです。

　ところが、優待券があることで「もうすぐ優待も切れるし、外へ食べにいかないか」と外食に誘いやすくなるのです。

　なお優待の数があまりに多いので、「いつどの優待の期限が切れるか」については、きちんと把握するようにしています。使い切れないとき、誰かに譲渡しても問題ないようなものは、知人に譲ることもあ

ります。

　ですが、「絶対に優待を使い切らなければ」とまでは思っていません。いかんせん数が多いので、いくらかは期限が切れても仕方のないものだと割り切っています。

　優待はあくまで、自分の人生を豊かにするもの。それが優待に振り回されてしまうようでは、本末転倒だと思ってのことです。

## 優待品を貯めておく "優待部屋"

　わが家のリビングの一角には、届いた優待品を貯めておく"優待部屋"があり、食品や調味料、水など、たくさんの日用品が積み上がっています。

　優待品の数が多いので、リビングに置いておくと、どうしても雑然としてしまいます。このような優待部屋があることで、室内が散らかって見えないようにしているんです。

　本音をいえば、私は多少雑然としていても気にならないのですが、妻がとてもきれい好きなので整理整頓は必須です。

　クオカードも何十年も使わずに置いていたので、驚くほどの枚数が貯まりました。ただ、クオカードはインフレで物価が上がると、価値が目減りしていきます。**そこで近ごろになってクオカードのストック**

を半分くらい投入し、自宅に太陽光発電を設置しました。計算では、6年ほどあれば元がとれる予定です。

　わが家の建物は祖母から譲り受けたときのままですが、内装はだいぶリフォームしました。リビングは3つの部屋をつなげ、リビングだけで40畳ほどあります。これまでリフォームには3000万円ほどかけました。地方では、一軒家が買えるくらいですね。

　一軒家を建てるとなると、一度にお金が必要になりますが、リフォームであれば毎年数百万円程度の支出で済むのは大きな利点です。

　加えて、わが家は敷地面積こそ広いですが、家屋は築50年ほど。つまり固定資産税は安いのです。いま同じような家を建てるとなると、固定資産税もいまよりかなり高くなるでしょう。

　ちなみに、あえて外装はそのままにしています。なので、外から見るとけっこう古い家です。とても「資産約8億円の人の家」とは思わないはず。家の中に入ってしまえば外観なんて気になりませんし、こんな地方で1軒だけ豪華な外観にしたところで、目を引くだけで、とくにいいことが見当たりませんからね。

　これも「何が得か」を考える優待投資家らしい考え方なのかもしれません。

## 金券類だけでも生活費3年分をまかなえる

　ちなみにわが家では、愛犬1匹をリビングで飼っているので、人間がいないときでもエアコンはずっとつけっ放し。その分、光熱費がけ

っこうかかります。

　そういうこともあって太陽光発電を導入したのですが、冬はどうしても日射量が低下してパフォーマンスが低下しがち。しかし、夏であれば、ずっと冷房をつけていても収支がプラスになります。リビングには、いま発電状況がどうなっているかを確認するためのモニターがついているので、いまどれくらい発電しているかを確認するのも、ちょっとした楽しみです。

**　太陽光発電の設備に大量のクオカードを使ったとはいえ、まだ現金・金（ゴールド）・プラチナ・クオカード・金券類だけでも、計3年分の生活費をまかなえるほどあります。**

　今後、想定外の株価大暴落に見舞われたとしても、現物株のポートフォリオをいじらないまま、じっと数年耐えれば、時間はかかっても資産は元に戻るはず。その間のリスクヘッジとして、現金以外の資産もある程度保有しているのです。

### 優待でゴールド投資？

　余談ですが、かつて名古屋証券取引所2部に上場していたグローバリーという商品先物取引会社があったのですが、株主優待として金貨贈呈制度（100株以上1000株未満は1/10オンス金貨、1000株以上は1/2オンス金貨）を設けていました。

　この株を保有していれば、半年に一度、ゴールドに投資しているのと同じ。しかも、家族全員で保有すれば、株主優待を利用して無料で永遠に純金積み立てをするようなものでした。

　しかし、グローバリーはトラブルが絶えず、2005年に上場廃止となりました。ただし、これには後日談があります。

　私が保有していたグローバリー株は、上場廃止でずいぶんと値を下げてしまいましたが、上場廃止発表の翌日にあらためて同社の財務内容をチェックしてみたところ、けっして悪くない。1株当たり純資産も高く、有利子負債はゼロ。この株を保有していたら上場廃止後にいったいどうなるのかと思って、上場廃止直前に買い増したのです。

　すると、上場廃止後2〜3年してから、会社から「株式を買い取る」という連絡をもらいました。そして、**買った値段のほぼ2倍で買い取ってもらえたのです。**

　それでも有利子負債ゼロでBPS（1株当たり純資産）1400円だったわりには、株式の買取価格はその半分くらいで、ちょっと買い叩かれた感じさえありました。

　いずれにしても、いろんな意味で思い出深い会社です。

# 優待株の株価を予測する

　優待株の内容から、ある程度、その銘柄の株価を予測できることもあります。

　家電量販店大手のビックカメラ（3048）は、100株持っていれば2月

末に2000円分2枚、8月末に1000円分1枚の優待券をもらえます。500株持っていれば2月末に3000円分を3枚、8月末日に2000円分を2枚。おまけに1年以上持っていれば8月末にさらに1000円分1枚、2年以上持っていれば2000円分2枚の優待券が送られてきます。

さらに1000株、3000株、5000株の保有で、また優待券が増えます。この優待券はビックカメラだけでなく、ソフマップ（2690）やコジマ（7513）でも利用可能です。2024年4月時点でビックカメラの株価は1400円を超えます。

これをベースに、コジマの株価を予測してみましょう。

## 🪙 こうして株価を予測する

コジマは、2012年にビックカメラの子会社になっています。そのため長い目で見れば、見通しはビックカメラと大きく乖離(かいり)はしません。

そんなコジマの優待は、100株以上持っていれば2月末に1000円分1枚、8月末に1000円分1枚、500株以上持っていれば2月末に1000円分1枚、8月末に1000円分3枚の優待券をもらえます。

ビックカメラよりも少し劣りますが、1年以上持っていればさらに1000円分1枚、2年以上持っていれば1000円分の優待券が送られてくる点は一緒です。

この優待は、2023年7月に"改善"が発表されたものです。それまでは年1回、8月末にしか優待券が送られてこなかったところ、2月末分を追加。これにより、確実に株価が上がると予測しました。

発表前日の終値は610円でしたが、発表を受けてじわじわと上昇。

2024年初には一時800円台まで上がり、その後少し下がりました。

　ただ私からみて、ビックカメラの株価1400円と比較すれば、ちょっと抑えめに「950〜1050円」のレンジまでは上がってくるだろうと予測できます。

　ビックカメラよりは少し内容が劣るものの、配当利回りと優待を足し合わせて配当利回りを考えれば、かなりの高配当株になります。

# 株を売るときのルールを決めておく

　優待株には安定性があるといいましたが、裏を返せば、優待がなくなってしまえば、その安定性は失われます。

　値上がりする優待株は、優待がなくなっても継続保有しますが、値上がりしない優待株は、優待がなくなったとき、あるいは改悪されたときには、もう翌日に市場が開いたところで、値段を指定せず「成行」で売ってしまいます。

　どれだけその株で儲かっていようが損していようが、そういうルールで運用すると決めているのです。


　株は、買うタイミング以上に売るタイミングも大事です。ルールを決めておかなければ、「ひょっとしたら、いまよりもっと高くなるかもしれない」と欲をかき、売るタイミングを逃してしまうのが人間です。

長期間投資をし続けるためには、誰でも守れるようなシンプルなルールを設定することも重要です。そうすれば、たとえ私が死んだ後でも、遺された妻や子どもたちが「この株は、こうなったらこうする」ということがわかります。

　複雑でその人にしかわからないようなルールで運用していると、死後に誰も運用できなくなります。

　このルールは、そのときになってから決めようとしてもなかなかうまくはいきません。前もって決めておくことをオススメします。

　**いちばんダメなのは、想定外の事態が起こったときにルールを無視して売買してしまうこと。**

　事前に決めておいたルールをしっかり守って運用すれば、株式市場から退場を迫られるようなひどい結果にはならないはずだと思います。

## 📚「信用取引」を活用して値下がり株を狙う

　ここからの話は、ちょっと細かくて、難しくなります。

「この優待が欲しい！」と思ったときに私は、**「優待クロス取引」**と呼ばれるテクニックを活用するときもあります。

　これは「優待クロス」とか「つなぎ売り」とも呼ばれますが、現物取引の「買い注文」と、信用取引の「新規売建注文」を同時に行うもので、株主優待を得る目的で株式投資をする"優待族"ならではの手法ともいえます。

　前述した通り、**信用取引は株価が今後上昇すると思えば「現金」を、反対に株価が下落すると思えば「株式」を借りることになります。**

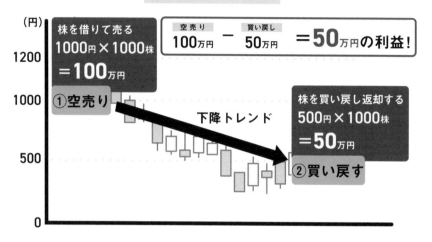

# 空売りとは？

（円）

**株を借りて売る**
**1000円 × 1000株**
**＝100万円**

| 空売り | 買い戻し | |
|---|---|---|
| **100万円** | − **50万円** | **＝50万円の利益！** |

①空売り

下降トレンド

**株を買い戻し返却する**
**500円 × 1000株**
**＝50万円**

②買い戻す

　株価が上昇するときは、わかりやすいですよね。例を挙げましょう。わかりやすいように、手数料などはいったん無視してお話します。

　信用取引を活用して証券会社から100万円借り、株価1000円の銘柄を1000株買うとします。株価が1500円になったところで売却すれば、売却代金は150万円です。ここで証券会社に借りた100万円を返却するので、残った50万円が利益になります。

　このやり方を**「買い建て」**といいます。これは資金を借りるものの、基本的な考え方は現物取引と同じなのでわかりやすいですよね。

　一方、信用取引ならではのやり方が、株を借りて売る取引です。これを**「売り建て」**と呼びます。よく**「空売り」**ともいわれますね。

　たとえば、株価1000円の銘柄を1000株借りるとします。売り建てで

は、借りた時点で株を売却（空売り）します。つまりここでは、（1000円×1000株売却で）最初に100万円を得られることになるのです。

　しかし、買い建てと大きく違うのが、売り建てでは株価の上昇ではなく下落を予想して行うという点です。

　**売り建てでは、お金ではなく株（売り建玉）を証券会社に返却する必要があります。** そこで予想通り、株価が500円まで下落したところで1000株を「買い戻し」して、証券会社に返却します。

　買い戻しに必要な現金は50万円ですから、最初に得た100万円から50万円を引いた残りの50万円が利益になるというわけです。


　現物取引では「上がるはずだ」と思える株しか買うことができませんが、信用取引を使えば「下がるはずだ」と思える株でも勝負できる点で、できることが増えます。

　私としては基本的に「上がるはずだ」と思える株しか買いたくないので、「下がるはずだ」と思って売り建てることはあまりないのですが、優待クロス取引時には使うことがあります。

# 株主優待を獲得する「優待クロス」

　それではあらためて、優待クロス取引についても説明しましょう（前ページ図参照）。優待をもらうには、株主優待の「**割当日**（わりあてび）」に株主とし

# 権利付き最終日・権利落ち日・権利確定日とは？

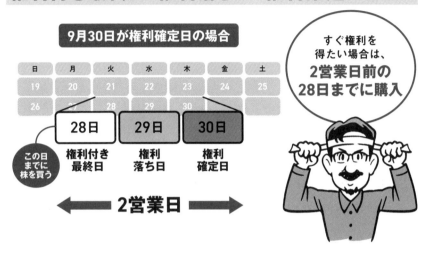

て名簿に登録されている必要があります。この割当日というのは、「**権利確定日**」と同一に設定されているケースも多くみられます。

その権利確定日とは、企業の株主名簿に株主が記載される日を指し、その月の「**最終営業日**」となります。

なお、実際には証券会社の手続きなどの決まりにより、権利確定日の2日前までに株を購入しておかなければならないという決まりになっています。この権利確定日の2日前を「**権利付き最終日**」と呼び、その翌日は「**権利落ち日**」と呼ばれます。

## 🗄 優待は欲しいけれど損はしたくない？

優待株に関しては、権利付き最終日までに株が買われ、その翌日の権利落ち日になると一斉に売却されてじわじわと株価を下げ、次回の

権利付き最終日に向けて少しずつ株価が上がり、また権利落ち日になると一斉に売却されるので株価が下がる、という流れが一般的です。

そこで「優待は欲しいけれども、損はしたくない」という場合に活用するのがクロス取引（つなぎ売り）で、ステップは次の通りです。

①権利付き最終日までに、優待が欲しい銘柄について現物取引で**「買い注文」**を出す

②約定（売買が成立）したら、現物取引と同じ株数・株価で、信用取引の**「新規売建注文」**を出す

③権利落ち日以降に、信用取引の売り建玉を**「現渡し」**で決済

ここで**「現渡し」**という単語が出てきました。前述の通り、現渡しとは、信用取引の決済方法の1つです。

株式を売り建てた後、証券会社へ株式を売却する方法は2つあります。1つが、上記の売り建ての説明で触れたように、株の反対売買（買い戻し）をするやり方。そしてもう1つが、売り建玉と同じ銘柄を持っている場合に、現物株を差し出すことで返済する方法です。これを「現渡し」といいます。

**現物取引でも信用取引でも売買手数料がかかる場合が多いですが、現渡しは手数料無料。そのため、お得なのです。**

このクロス取引を使えば、まず損することなく優待が手に入ります。注意点を挙げるとすれば、なるべく株をすべて売ってしまわないこと。優待には、長く持っていることで得られる権利もあります。

# 現渡し（品渡し）のしくみ

**買い決算**
投資家 → 株式を返却 → 証券会社
投資家 ← 利益を受け渡し ← 証券会社

**現渡し（品渡し）**
投資家 → 現物株式を受け渡し → 証券会社
投資家 ← 現金を受け渡し ← 証券会社

現物株式を保有している状態で信用売りした場合、現渡しをすることで、保有している現物株式の値下がりによる損失を回避することができます

# 具体的には？（例）

① 9月28日、株価1000円のA社株を現物取引で**500株購入**

② 9月28日、株価1000円のA社株を信用取引で**500株売り建て**

9月29日（権利落ち日）、株価が100円下落

→現物取引で買った株は**5万円の損**

→信用取引で買った株は**5万円の利益**

③ **売り建玉500株を現物取引で購入した500株で現渡し**する

→**優待をゲット**して取引終了

いったんすべて売ってしまうと、そこで株主の情報を管理するための「株主番号」がリセットとなり、権利が失われてしまうため、**せめて100株は残しておいたほうがいいですね。**

またクロス取引をする場合には、相場の開始時刻の**「寄付」**、もしくは終了時刻の**「引け」**を指定して発注する必要があるなどの決まりがあります。

さらに実際には売買手数料や信用売りをするときの**「貸株料」**、信用買いをするときの**「金利」**などがかかってくるので、例のようにきれいに相殺されることはまずありません。

### 損出しクロスとは？

権利確定日については、上半期末の9月30日や年度末の3月31日が多いです。ただし、どの月にも、なんらかの銘柄の権利確定日が設定されており、年中、**「優待クロス」**を実施することは可能です。

私の場合、とくに9月と12月に優待クロスを使います。というのも、毎年9月と12月は**「損出しクロス」**をするため、保有現金が増えるのです。損出しクロスとは、「含み損」となっている保有銘柄をあえて損切りすると同時に、新規の買いを行うものです。

**その流れは、「現物株を損切り → 信用取引で同じ株を買う → 次の日（翌営業日）に信用買いした株を現引きして現物株にする」。**

もう少し噛み砕いて説明すると評価損が膨らんだ現物株の売り注文を出します。なぜ評価損が膨らんだ株を売却するかといえば、節税になるからです。

投資では通常、売却して得た利益と損失を通算することができます。つまり、あえて損切りクロスすることで、すでに確定している売却益や配当金にかかった税金をいくらかとり戻すことができるのです。

ですが、株主であり続けながら優待を得たい。しかもいったん保有株を売ってしまうと、株主番号がリセットされるため、長期保有が株主優待を受ける条件になっている場合、その条件を満たせなくなります。そこで、同じ銘柄に対して、取引開始の寄り付き前に信用取引で買い注文を出すのです。

### 損出しクロスの効果とは？

**本来の「損出しクロス」は、購入した翌日（翌営業日）に信用取引で購入した分を現引きして現物株にするところまでがワンセットです。**なぜ翌営業日かというと、同じ日に同じ銘柄を複数回売買した場合、「買い」が先にあったものとみなされてしまうからです。

これはどういうことかというと、本来の流れで取得価格1000円、現在値400円になった株、100株について損切りクロスをしようとすると、①1株400円の現物株を売る ➡ ②同時に1株400円で信用買い ➡ ③翌日に1株400円で買い戻すという流れになります。

しかし、③を①②と同日に行ってしまった場合、1000円で買った株と400円で買った株の取得単価が平均化され、「取得単価平均700円で購入した株200株のうち、100株を1株当たり400円で売却した」とみなされます。本来なら、「1000円－400円」で1株当たり600円の損出しができるのに、同じ日に売買してしまうと「700円－400円」で300円分しか損出しできないのです。

# 損出しの方法とは？

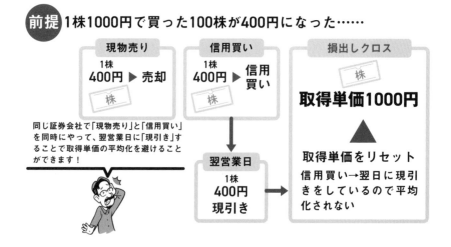

**前提** 1株1000円で買った100株が400円になった……

### 現物売り
1株
**400円 ▶ 売却**
株

同じ証券会社で「現物売り」と「信用買い」を同時にやって、翌営業日に「現引き」することで取得単価の平均化を避けることができます！

### 信用買い
1株
**400円** 信用買い
株

翌営業日
1株
**400円**
**現引き**

### 損出しクロス
株
**取得単価1000円**
▲
**取得単価をリセット**
信用買い→翌日に現引きをしているので平均化されない

この損出しクロスの効果は、けっこう大きいです。株式投資で得た利益には、税金20.315％がかかりますが、同じような考え方で含み損が出た銘柄を売却すると、その損失の20.315％が返ってくるのです。

たとえば、含み損100万円の保有株を損出しクロスすると、税金約20万円が**翌営業日**にはすぐに証券口座に戻ってきます。つまり、「保有株が同じなのに、証券口座の資金は約20万円増加する」という状況が生まれるのです。

投資パフォーマンスがいいと嬉しい半面、支払う税金も膨大なものになります。その年の調子に合わせて損出しをしたほうが、税金が返ってくるうえ、翌年の税金も抑えられ、配当利回りが低くなった株などを整理して資金に余裕が出たりと、いいことも多いのです。

　なお、損失については、「3年間繰り越せる」というルールがあります（次ページ参照）。そこで、投資の成績がマイナスの年の場合には、損出しする意味がまったくないので、翌年など実現益がプラスになったときに実施すると効果的です。

　ただし、説明しておいてなんですが、私はこの「翌営業日に信用取引分を現引きして現物株にする」という行為はしません。なぜなら、現物株を売却して得た現金を、「優待クロス取引」に回すからです。

### 優待クロス取引は小銭拾い？

　クロス取引をする場合には、「まず現物取引で株を買う」というステップが必要ですから、現金が必要になります。そこで私は9月と12月に損出しをして、得た売却代金で9月と12月に優待クロス取引をすることが多いです。

　これが非常に無駄のない、スムーズなやり方だと思っています。

　9月と12月は優待が多い月です。3月に続いて多い月じゃないかと思います。また、この月以外のタイミングでは、あまり積極的に優待クロス取引をすることはありません。私は基本的に証券口座内に現金をほぼ残さず、株式で全力運用する「フルポジション」のスタイルですから、損出しクロスしない限りは現金に余裕がありませんし、権利落ち日にはほとんどのケースで株価が下がるといっても、待っていれば、また株価が戻ってくるわけですからね。

　クロス取引でも、うまくいけばその銘柄の0.5〜1％分くらいは儲けることができるので、専業投資家のなかには積極的に優待クロスを

## 損失の繰り越し控除とは？

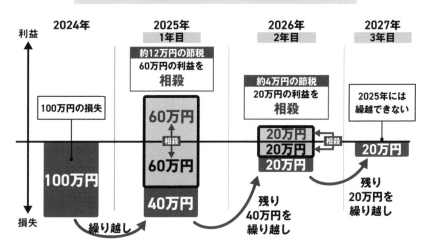

活用している人もいます。

　しかし、クロス取引は投資をしているというよりも、小銭を拾っているようなもの。たいして儲けられませんし、「すごくうまみがある！」とまではいえない話です。

# 信用取引のレバレッジは 1.3倍まで

　私の投資手法は、リスクはかなり低いものであるといえます。高配当株と優待株を中心に、安定した値動きをみせる株を選ぶ。株取引に

は「現物」と「信用」と2つの取引方法がありますが、私は現物株が中心で、信用取引はほとんどやりません。

**12月に年度末の税金対策で含み損となっている保有株をあえて損切り（損出し）するときに、あわせて行う株主優待目的での「クロス取引」で信用取引をすることはあるものの、レバレッジは1.3倍までと決めています。つまり、かなり慎重派なのです。**

レバレッジとは、手持ち資金を「保証金」として証券会社に預け、それ以上の資金で投資を行う手法のこと。最大で手持ち資金の3.3倍までの取引が可能です。つまり、100万円の株を買いたければ、手元に33万円あればOKということですね。

ただし私の場合、前述の通り、「信用取引でレバレッジをかけるのは1.3倍まで」と決めているので、資金100万円ならば130万円までしか買わないことでリスクヘッジしています。

信用取引を積極的に活用するのは、資金効率の面からは魅力的です。ただし、何事につけても長所と短所は表裏一体。高いレバレッジは、その分リスクも大きいのです。

たとえば、先の例であげた100万円の株が半値となり、50万円となったとします。私のように当初資金77万円を投入していれば、資産は（当初資金77万円－残った資金50万円で）27万円のマイナスになるものの、手元にはしっかり50万円が残っています。

ところが、100万円を投資するために、当初資金33万円しか入れずに高いレバレッジで信用取引すると、（当初資金33万円－残った資

50万円で）17万円のマイナスとなります。そのマイナスを補填するた
め、保有株を売却しなければならなくなる場合もあるのです。

## 🪙 暴落時こそ信用取引を活用

　そうなると、せっかくこれまで築き上げてきたポートフォリオ（資
産構成）が崩れてしまう恐れもあります。一度ガタガタに崩れてしま
ったポートフォリオは、なかなか元に戻せません。

　これは“最悪の想定”ではありますが、**最悪の想定が突然、実現し
うるのが株の世界なのです**。

　私はリーマン・ショック時、現物株は売却せず、そのままの状態で
乗り切ったものの、それでもリーマン・ショック直前まで回復させる
には６年もかかりました。いまではおそらく1.5倍程度まではレバレ
ッジをかけたとしても、ポートフォリオは傷つかないとは思うのです
が、何事にも余裕を持つようにしています。


　**信用取引を積極的に活用する人は、資金を爆発的に増やしたいと望
み、かつそのドキドキ感を楽しめるような人たちであり、私とは考え
方が異なります。**

　ただそんな慎重派の私が、唯一積極的に信用取引を活用するのが、暴
落局面です。暴落局面では、「いいな」と思っているものの、それまで
割高で買えなかった銘柄の株価が下がってきます。そのチャンスのと
きこそ、信用取引を活用して株を買うのです。

　普通の相場では考えられないような割安な株がゴロゴロしているわ
けですから、「そこで買わなければ、いつ買うの？」って話です。

# 10年に1度の
# チャンスをつかむ

　暴落の第一段階では、その年にもらえる配当金と同じだけの金額まで信用取引で買います。そして、配当金が入金されたところで「現引き」する。「まだいける」と思えば、資産の120％程度を目安に、さらに信用取引で買い増す。

　保有株をいちばんいらない株から売却し、現引きするというやり方です。


　そこで重要なのは、いかに暴落局面で株を買うだけの体力（資金）を残すことができているかに尽きます。リーマン・ショックに東日本大震災、コロナ・ショック……経済も社会も大きくダメージを負っている局面こそ、絶好の買い場です。

　**だいたい5年から10年に1度くらいのスパンで、そのような絶好の買い場が訪れます。投資家は、いつ来るかわからない"そのとき"に備えておくべきなのです。**

## 🪙 株価暴落でも配当は減りにくい

　さらにいえば、高配当株や優待株は、そもそも暴落に強い株であるともいえます。

　リーマン・ショックの影響で私の資産は一時半分程度まで減りまし

たが。株価の下落ほど配当は下がりませんでした。下落したのは2～3割程度でしょうか。

**1株2000円が1000円に半減しても、1株50円あった配当は40円ほどまでしか下がらない**、といったイメージです。

もちろん減ることは減りますが、ダメージは比較的小さいのです。

優待株についても、優待があることそのものが評価された株価となっているので、優待がない企業の株価よりも下落率を抑えられる傾向にあります。

## 🪙「反対売買」と「現引き」

ちなみに、優待目的のクロス取引では「信用売り→現渡し（品渡し）」で信用取引を活用しているといいましたが、暴落時に「信用買い→現引き（品受け）」で信用取引を活用することが多いです。

信用買いとは、証券会社から資金を借りて株式を行う取引のことでしたよね。この買い建玉（信用買いで得た株）の決済方法については、株を売ってそのお金を返却する「反対売買」と、株式を売却せずにお金を返済し、買い建玉を現物株として受けとる「現引き」があります。

信用取引には**「一般信用取引」**と**「制度信用取引」**がありますが、制度信用取引では取引から6か月以内に決済することが求められます。なので6か月以内に現引きしてしまい、長期的に保有する自分のポートフォリオに入れ込んでしまいます。

同じ銘柄を再び信用で買うということもまずないですね。

# 暴落時のチャンスを
# 逃さない視点

　さて、暴落の話をしましたが、では「どこまでいけば暴落と呼べるのか」も難しい問題ではあります。

　振り返ったときに「あそこが底だった」と指摘するのは簡単ですが、下落の局面に「ここが底だ」とは、とてもわかりません。リーマン・ショック時も、「さすがにこのあたりが底だろう」と買い増した結果、さらに下がっていきましたからね。

　**それでも、暴落についての一応の目安はあります。その1つが、日経平均株価のPBRの推移です。**

　日経平均株価のPBRとは要するに、日経平均株価を構成する225社の平均PBRのことです。日経平均株価を構成するのは、日本を代表する企業です。そのため、この225社ですら割安な株価となっているときは、日本企業すべてが深刻な状態にあるときといえるのです。

　一般的に、PBR1倍を切ると割安だといわれますが、2024年4月時点での日経平均のPBRはおよそ1.5倍。これがリーマン・ショック時には、実に0.8倍まで落ち込みました。その後、2012年末以降はずっとPBR1倍以上を維持してきたものの、2020年のコロナ・ショックでまた1倍を割り込み、0.8倍に近づきました。

リーマン・ショックやコロナ・ショックでも0.8倍ですから、大きなショックが訪れたら、PBR0.8倍を目安に株を買えばまず失敗しないのではないかと思います。

### 🪙 VIX指数とは？

短期的には、米国株の予想変動率を示して“恐怖指数”と呼ばれる「VIX指数」も目安にしています。

VIXとは「Volatility Index」の略で、米国の主要株価指数「S＆P500指数」の今後30日間の変動率を予測する指数で、シカゴ・ボード・オプション取引所が算出・公表しています。この数値が高いほど、投資家が先行きに対して恐怖感を抱いているとされます。

具体的な数値でいえば、「20」以下であれば安全ですが、「30」を超えると危険な水域だとされています。リーマン・ショック時は「96.4」、コロナ・ショック時は「85.47」をつけていますが、やはりこの数字が30を超えてくれば「買い時」といえるでしょう。

さらに、相場の過熱感をはかる指標として手がかりにする「RSI（相対力指数）」も参考にします。RSIは一定期間の下落幅と上昇幅の平均を算出し、下落幅に対する上昇幅の大きさを指数化したもの。「買われすぎ」「売られすぎ」を判断する材料として使われますが、70％以上だと買われすぎ、30％以下だと売られすぎとされますから、RSI30％以下を買い時の1つの目安にします。

とはいえ、大底で買うことはなかなかできません。出来高の急増を

## VIX指数(恐怖指数)とは？

- 2008年9月 リーマンショック
- 2011年11月 世界的株価下落
- 2015年9月 中国株大暴落
- 2018年2月 米国株暴落
- 2020年3月 コロナ禍
- 超危険
- やや危険

ともなって株価が上昇してきたところを見計らって、買いに出ることが多いです。

　また、このときも58ページで説明した5つのステップの基準が変わるわけではありません。PERとPBRを見つつ、相場の影響を受けて株価が下落してはいるものの、長期でみれば右肩上がりで業績も利益も伸び、株価の上昇が期待できる銘柄を選ぶことが重要です。

　安定的な高配当株・優待株で資産を増やすことを基本としつつ、普段堅実な投資をしている分、残している余力を暴落時に使う。そうすることで、資産の伸びはさらに加速するでしょう。

　**暴落待ちで必ず儲かるようなタイミングが来るのは10年に1度。そのチャンスを逃すべきではありません。**

# 『会社四季報』の使い方

　多くの投資家が愛読している『会社四季報』（以下、四季報）は、ご多分に漏れず、私も毎号購読しています。ただ、私の保有銘柄は主力銘柄と準主力銘柄だけで120ほどあるので、**「自分の主力銘柄と準主力銘柄について何が書かれているか」を確認するためのツールとして活用しています**。

　基本的には、四季報を見て新たに株を買うことはありません。自分の主力銘柄と準主力銘柄だけで120銘柄ほどありますから、全部確認しようと思うと、それだけでまず大変です。そのため、それ以上、手を伸ばそうとはなかなか思えないのです。

　四季報について、書いてあることのすべてを信じているわけではありません。「ちょっと適当に書いているんじゃないかな」と思うこともないわけではありませんが、来期や来々期の業績について書くには、しっかり調査しないと書けないですから、ある程度は参考にします。

　保有しているのに、私としてはあまり評価していない銘柄だったとしても、四季報に「来季の実績が期待できる」と書いてあるのを見てあらためて考え直し、買い増しするといったことはありますね。逆に、四季報が大幅な減益を予想しているような銘柄を多く保有していれば、それを参考に判断して多少保有株数を減らすこともあります。

　自分の保有銘柄を確認する以外の使い方としては、「この銘柄はどう

かな」と思ったときの辞書としても活用しています。このとき見るのは、最初のほうに書かれている「業績記事・材料記事」と「株主」の項目です。

　**やはり社長を始めとする創業者（経営者）が、大株主として自社株をたくさん保有している会社は、投資家としては安心材料の1つです。経営者自身が大株主であれば、否が応でも株価や配当金の上昇を意識した経営をしますからね。**

　一方、大株主として、投資ファンドの割合が高いと注意が必要です。一概にはいえませんが、基本的に投資ファンドは、保有株を売却して利益を得ようとする傾向が強いので、投資ファンドの保有株の売却（利益確定）によって、株価が下落する可能性もありますから要注意なのです。

## 最大限お金に働いてもらう

　かつては四季報の上部に**「いま自分が保有している株」**を示す付箋（ふせん）を貼って、それとは別に**「購入候補の株」**の付箋も貼り、相場が暴落したら「購入候補の株」を再度見返して、そこから株を買うといったやり方もしていましたが、いまはそれもしていません。

　そもそも、私は証券口座にあるお金は、すべて株に投資するフルポジションなので、あえて余裕資金を持たず、そうそう頻繁に売買できません。それは現金で保有しておくと、資金を寝かせておくことになりますから、その機会損失を回避するため、ほぼ全資金を投資に回して、最大限お金に働いてもらっているのです。

まれにですが、四季報を見て新規の銘柄を買うときもあります。それはどういうときかというと、自分の主力・準主力の銘柄を確認したとき、同じ見開きのページに掲載されている別銘柄の記載内容をチラッと目にして、「おっ、これはよさそう」と思い買ってみるというセレンディピティ（思いもよらなかった偶然がもたらす幸運偶然の出会い）を利用したものです。

四季報は見開き2ページで、4つの銘柄が紹介される仕組みです。なので、お目当ての銘柄以外にも3つは目に入るわけです。あえて探しているわけではないですが、それも1つの"ご縁"なのだろうと思います。

## 夏号だけを保管するワケ

なお四季報は、春号（3月発売）、夏（6月発売）、秋号（9月発売）、新春号（12月発売）と、年4回発売されます。私も一応全部買ってはいますが、1冊が相当な分厚さなので、家に残しているとけっこうなスペースをとります。そこで、私の場合は夏号だけを保管しています。

**夏号は3月期決算の会社が本決算を発表した後の最初の号であり、実績と来期予想がいっぺんに載っている**というところが大きなポイントで、投資家にとっていちばん人気が高い号だといわれています。

ネットの情報も充実しているいま、なかなか投資初心者であのサイズの本を買うのはハードルが高いかもしれませんが、やはり貴重な情報源であるとは思います。本格的に投資をするなら、読んでみてもいいでしょう。

# EPILOGUE
# 投資以前に大切なこと

## 自分を信じよう

　この本を手にとってくれたあなたは、きっと勉強熱心な方だと思います。しっかり勉強して、よりよい投資をしようとしている。そんな人は、成功する確率も高いと思います。

　私のやり方を真似すると、最初は「あんまり増えないな」と思う人もいるかもしれません。Xを見ていると、「短期間でこんなに儲けた！」「こんなに少ない元手でここまで増えた！」といったポストも珍しくありません。なかには本当に利益を出しているのか怪しいポストもありますが、本当に短期間で利益を得ている人もいます。

　そういうポストばかりを見ていれば、「株は短期間で儲かるもの」と思うかもしれません。しかも、成功した人が投稿する内容は、一見すると、もっともらしく見えます。

　「この人は本物だ！　この人の言っていることは間違いない！」と感じることもあるかと思います。

　しかし、それはやはり違います。**そこで書かれたやり方を真似して短期間で利益を得ようとした9割以上の人が、ひっそりと負けているはずなんです。**そしてそういう人は、あまりXに投稿しません。

また少し投資側を擁護すれば、「予想」というのは、非常に難しいものなんですよ。私だって、予想を外すこともあります。恥をさらすようですが、近年予想を外した例を挙げてみましょう。

　たとえばJT（2914）は、2024年4月1日現在で配当利回り4.75％と、かなりの高配当株です。2005年から連続増配を続けてきて、投資家からも非常に人気の高い株です。私もかつてはJT株を主力株に置いていました。

　それが2021年、初めての減配を発表したのです。前期比14円減の140円。ただし、それでも高配当株であることには変わりありませんでしたから、私もまだこの時点では売りませんでした。

　ただし2022年2月、ロシアがウクライナに侵攻したことで、減配の"改悪"も相まって、ロシアでの活動にも注力しているJT株を大きく減らしました。


　ちょっと考えてみてください。

　「日本ではたばこを吸う人がどんどん少なくなっている。日本におけるたばこ需要の拡大はとても見込めない。そこでロシアに目をつけたJTだったが、ウクライナ侵攻に踏み切ったロシアに対し、日本が制裁を決定。JTがロシアから撤退する、あるいはロシア政府が日本企業への報復制裁を科し、事業の停止や資産を接収するおそれがある。そうなれば株価は大ダメージを受ける」

　こんなストーリーも、なんとなくそれらしく聞こえませんか？

「その後、案の定JTの株価は大きく下がりました」と続いたとしても、あまり違和感を覚えないと思います。しかし、結果はその逆でした。

## Xのポストをうのみにしないで！

2022年2月末のJT株の終値は2120円。それが、ほぼそのあたりを底として右肩上がりに伸びていき、2024年3月末には4000円を超えました。私は読み間違えて、いちばん悪いときに、保有株を減らしてしまったのです。

全体のポートフォリオからすれば、JT株を減らしたかわりに銀行株を買い、その銀行株も大きく伸びてきているので「大きく損をした」ということはないのですが、JT株単体に限ってみれば失敗です。

このように、自分でいうのも面映ゆいところはありますが、投資経験が40年以上あって、億単位の資産を築いていても、予想を外します。だからこそ、**Xで10万、20万単位のフォロワーがいる有名な個人投資家やプロの投資家、経済アナリストが言う、なんとなくそれっぽい情報をうのみにして真似することは、リスクをともないます。**

経済の先行きの見通しは、プロでも難しいことです。私はバブル崩壊やリーマン・ショックを経験しているからこそ、実感を持ってそういえます。

個人的には、いまの日本の株式市場は、いいトレンドにあると思っています。しかしそれでも、たとえば「日銀が金利を上げた結果、消費者の買い控えが起きて、想像以上に景気が落ち込み、デフレが再発

して経済が悪化する」というシナリオも考えられなくはないわけです。誰かに依存した結果の失敗は、きっと後悔することになると思います。

**やはり、固定観念にとらわれず広い視野で物事を考えたうえでさまざまな試行錯誤を重ね、"自分の勝ちパターン"を見つけ、それを愚直に実行することが重要なのだと思います。**

また、投資は誰かと勝敗を争うものでもありません。「いい成績を出そう」と焦ったところで、いいことはありません。短期的に大きな利益をあげようとしている人は、どうしても「他人を出し抜こう」という気持ちが強くなりますし、私のような地道に資産を形成している人をライバルだとも思っていません。

ですが、それは裏を返せば競争相手も少ないということ。また、他人と比べなくていいわけですから、そこまで気持ちも荒れません。私自身も、他人の手法に「へー」と思うことはあっても、自分の成績や投資手法を誰かと比べることはありません。

**自分の投資手法を信じて、毎年10%くらいの成績を残せば、ほったらかしにしていても勝手に資産は増えていく。その思いだけでやっています。**

単年でみれば目標を割り込むこともありますが、10年スパンでみればきちんと10%くらいの成長になっています。

とりあえず100銘柄ほどを目指して少しずつ貯株し、高配当と優待をもらいながらずっと握っておく。これがいちばん無理なく「資産1億円」に到達する道だと私は思います。

## はじめの第一歩を踏み出そう

　株って怖い……そう思っている人が多いと思います。でも、株で失敗するのは、上がるか下がるかわからないような銘柄で、必要以上のリスクを抱えて勝負するからです。**私のように、一度株を買ったらずっと握りっぱなし、基本は現物株のみ、下がってもいい、といったやり方でも、資産は億を超え、配当だけで生活できるのです。**

　しかも、現物株中心であれば、リーマン・ショック級の暴落が起きたとしても、資産は長い目で見ればマイナスになることはありません。そうすれば、たとえ一時的に資産を大きく減らしたとしても、企業が存続して成長していく限り、いずれ株価はもとに戻り、さらに上がると考えるのが自然でしょう。


　私の場合、幸いなことに祖母と親父という極めて身近な人たちが株式投資をやっていて、その知識を私に惜しみなく与えてくれました。ひな鳥が親鳥に着いていくようなイメージですね。

　でもひな鳥は、親鳥がいなければ大変です。投資に対する知識を得て、自分の投資への姿勢や投資スタイルを確立するまでに、立派な親鳥がいる場合よりも時間がかかることでしょう。

　ネットが発達したこの時代には、労せずしてさまざまな情報を収集することができます。それは大きな利点ではあります。

　ただし、その一方で私が投資を始めたインターネットがない時代は不便ではありましたが、ネットに溢れる玉石混交な意見の"石"にあたる粗雑な意見に出会うリスクも、いまよりは低かったといえます。

私自身、若いころにはウォーレン・バフェットやベンジャミン・グレアムといった名だたる投資家の本を読み、**「適切な投資は、けっしてギャンブルではない」** ことを確信しましたが、これがネット社会であれば、簡単に情報が手に入るのに、わざわざそのような人たちの本をちゃんと読んだだろうかとも思います。

　いま、「投資をやれば儲かるんだ！」という思いを強く持つ人は、増えているように感じます。しかし、立派な親鳥を見つけようとしても、情報が溢れすぎているために、"買い煽り"をしてくる人たちの文句にまんまと乗せられたり、高額な投資セミナーに入会させられたりすることもあります。

　**正直、いまの日本で生活していくのは、若い人ほどしんどいです。**
給料はあまり上がらないのに物価は上がる。昔はスマホなんてありませんでしたが、いまはもはや1つのインフラであり、「スマホを持たない」という選択肢も難しいですから、やっぱりお金がかかります。

　そういう人たちが「もっとお金が欲しい」と思う気持ちは、少しはわかるつもりです。私も20代のころは年収が少なく、しんどかったですから……。株のセミナーや勉強会に行っても、若い人たちの姿が目立ちます。私くらいの年齢の投資家はほとんど見かけません。

　そんななかで私自身も60歳を超え、ある程度自分の資産もノウハウも貯まってきたところで、少しでもそんな投資初心者のためになることができたら、という気持ちが強くあります。これまでも書籍化の話を持ちかけられることもありましたが、今回初めて受けることにした

のも、年齢を重ねるにつれ、「誰かのためになるなら」との思いが高まってきたからです。

　自分で言うのもなんですが、私の投資手法のよさは、誰でも再現できる点にあります。ちょっとでも誰かの役に立てるのであれば、こんなに嬉しいことはありません。

## お金の心配なく投資とともに人生を楽しもう

　いまの私の悩みは、**「死ぬまでにお金を使いきれるだろうか」**という局面に移行しつつあります。子ども2人には、すでに子ども名義の証券口座を渡しているわけですから、それ以上渡す必要もないだろうと思います。あとは自分の力で、自分の人生を切り開いていってくれればと願います。

　いま私は、年間の配当金だけで2000万円を得られていますから、とくに高い買い物をするわけでもない私からすれば、意識的に使っていかなければなかなか減っていかないフェーズに到達しました。

　**資産8億円を超えたといっても、生活が大きく変わったわけではありません。**これからも高価な食べ物や服、時計などにお金を浪費するような人生は送らないと思います。普通の生活を送ることができれば、それで十分幸せなのです。

　優待で食べる低価格イタリアンのサイゼリヤ（7581）で十分満足できる人間ですし、洋服にも無頓着で自分では買いません。そんな私を見かねた妻が買ってきてくれたものを適当に着ているくらいです。そ

れも、けっしてハイブランドというわけではありません。

　お金がかかるといえば、旅行やリフォーム、車・バイクくらい。車といっても普通の国産車です。自分の趣味に合わない高額な買い物をするより、自分の趣味に合った満足度の高い買い物をするほうが、やっぱり楽しいし大事にできると思います。
　"優待族"には、節約志向が身についている人が本当に多いです。優待による生活コストを下げられる点を魅力と感じている人なわけですからね。

## 入金力を高めるために節約する

　私は、妻に「若いころはドケチだったわよね」と言われるくらい、若いころは入金力を高めるために節約しました。
　**「節約する→お金が貯まる→株を買う→優待で生活コストが下がる→節約する→さらにお金が貯まる」**というサイクルに喜びを感じているので、節約が苦にもなっていません。
　そんな私にとっては、節約よりも無駄遣いするほうが苦痛なんです。お金を遣うことができるのも1つの才能なのだと、いまの私は思います。

　そういうわけで、いま年間配当が2000万円ある私としては、このままいくとお金が増えるばかりで減らないのではないかと心配もしています。

私がお金を使うことは、自分のためだけではなく、日本経済の活性化にも微力ながらつながるはずだと思っています。そこで、これからの人生では、いまあるお金を「どうやって使っていくか」にも注力していくつもりです。

　投資家のなかには、「投資そのものが楽しいんだ」といって人生を投資に振り切っている人もいます。私も楽しいから40年以上も続けてこられたわけですが、それでも**私にとっての投資とは、お金に煩わされることなく人生を楽しむための手段です。**

　少しずつお金が増えて、生活が安定してきて、「ある程度お金が自由に使える」状態になる。副産物として優待までもらえて、自分が使いきれない分は誰かに譲り、誰かに喜んでもらうこともできる。

　決算書をあまり理解できなくても大丈夫なので、瞬時の判断力や瞬発力が必要となるデイトレと違い、かなり高齢になってもできるはずだと思います。

　**無理のない投資でも、億は超える。そして億を超えれば、その後は加速度的に資産が増えていくはずです。**

　いま私は人生が楽しくて仕方ありません。この本を読んでくださったあなたも、どうか株の力を信じて資産を形成し、自分が歩みたい人生を歩んで欲しいと思います。

2024年5月

かんち

[著者]

## かんち

1961年三重県生まれ。資産約8億円・年間配当金2000万円超の現在60代・専業投資家。元消防士（公務員）。13年前、49歳のときに株式投資で資産2億円を築いて早期退職。それからは生活費のすべてを株の配当金・株主優待でまかなう生活を送っている。使い切れない配当金は再投資へ。投資家の父から“投資の帝王学”を学んで育つ。投資歴40年以上で保有銘柄は約600銘柄。投資初心者でもわかりやすく、判断基準が明確で、再現性の高い投資手法には、個人投資家の間で定評がある。資産が増え続けており、生活費の多くは株主優待でまかなえるため、死ぬまでに資産を使い切れないかもしれない危機感から、現在の年間生活費1500万円を65歳以降は2000万円に増やすつもり。長年書籍の刊行を期待されていたものの、すべて断ってきたため、本書が初の著書となる。

ほったらかしで年間2000万円入ってくる

# 超★高配当株 投資入門

## 「自分年金」を増やす最強の5ステップ

2024年 5 月28日　第 1 刷発行
2024年10月23日　第 7 刷発行

著者　　かんち
発行所　ダイヤモンド社
　　　　〒150-8409　東京都渋谷区神宮前6-12-17
　　　　https://www.diamond.co.jp/
　　　　電話／03-5778-7233（編集）　03-5778-7240（販売）

装丁デザイン　小口翔平＋後藤司(tobufune)
本文デザイン　大場君人
編集協力　　　松田小牧
イラスト　　　鈴木勇介
校正　　　　　鷗来堂
製作進行　　　ダイヤモンド・グラフィック社
印刷・製本　　三松堂
編集担当　　　斎藤順

©2024 かんち
ISBN　978-4-478-11994-5